Découvrez l'histoire par les archives de presse

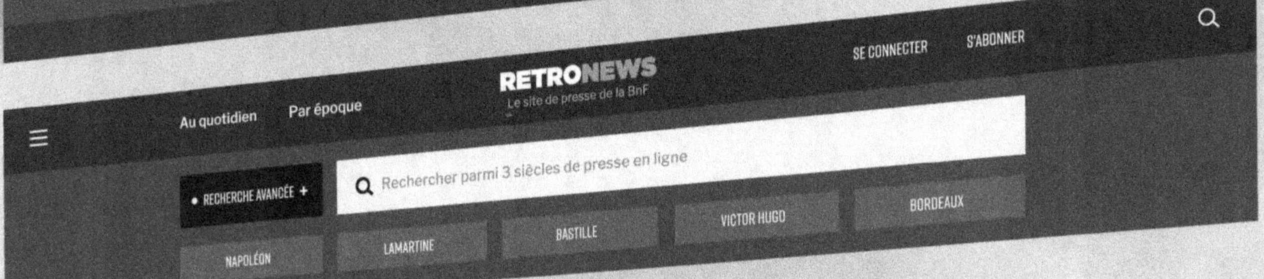

RETRONEWS
Le site de presse de la BnF

www.retronews.fr

TOUCHATOUT
Le TROCADÉROScope
REVUE TINTAMARRESQUE
DE
L'EXPOSITION UNIVERSELLE
Dessins par Alfred LE PETIT
ARTS
SCIENCE
INDUSTRIE
Alfred Le Petit

LE
TROCADÉROSCOPE

PAR

TOUCHATOUT

AVANT-PROPOS

Il y a huit ans, à pareille époque, Paris était à la veille d'être assiégé comme il l'est aujourd'hui et va l'être pendant six mois.

En 1870, les andouilles valurent 800 francs la livre, parce qu'elles étaient excessivement rares, le général Trochu ne pouvant pas se multiplier.

Les maquereaux devinrent introuvables à partir du moment où la dernière porte de Paris se fut refermée sur le dernier des souteneurs de l'Empire en fuite.

Une simple bûche fut un objet de luxe quand le comte de Palikao eut disparu.

Plus de cocottes de la haute, plus d'œufs.

Plus de dames d'honneur, plus de lait.

Plus de soirées aux Tuileries, plus de veau.

Voilà ce que fut Paris pendant le siége.

Ces beaux jours vont revenir, mais par des causes bien différentes heureusement.

Les Parisiens, non-seulement investis cette fois, mais bel et bien envahis — à l'amiable — vont de nouveau souffrir mille maux terribles.

Ils payeront les sardines 8 francs pièce.

Ils ne trouveront pas de fiacres pour faire leurs courses.

Ils feront des queues d'une demi-heure aux fontaines Wallace pour attraper une goutte d'eau.

Ils seront obligés de dormir dans leurs coffres à bois,

leurs lits et leurs tiroirs de commode étant occupés par des amis de province et de l'étranger.

Ils se verront contraints de conduire au Vaudeville leur tante de Grenouillac-les-Tourtes ou leur belle-mère de Harpigny-les-Teignes.

Ils seront enfin, pendant six mois, martyrisés, serrés, tiraillés, harponnés, sciés, ruinés et persécutés par des

ennemis du dedans : restaurateurs, cochers, fruitiers, charcutiers, etc , etc., coalisés à ses ennemis du dehors : cousins, tantes, parrains, amies et belles-sœurs des départements.

C'est ce tableau — une des scènes les plus émouvantes, peut-être, du martyrologe — que nous avons entrepris de peindre sur le vif.

Le souvenir de telles horreurs doit être conservé. Il est bon que nos fils sachent un jour tout ce que nous avons souffert pour leur refaire une France à peu près présentable.

Le *Trocadéroscope* sera donc, non-seulement une revue complète de l'Exposition universelle, mais encore une étude de la physionomie de Paris pendant cette Exposition.

o o o

Une considération surtout nous a décidé à écrire ce livre : le désir ardent de contribuer, dans la mesure de nos forces,

à l'épanouissement de la gigantesque *jaunisse* dont est atteint ce qui reste de bonapartistes en France, depuis qu'il est question de l'Exposition universelle.

o o o

Ces braves gens, qui nous ont mis, il y a sept ans, dans l'état que l'on sait, n'ont jamais pu se faire à l'idée que la France pût avoir le toupet d'organiser une Exposition sans attendre le retour du descendant de cet empereur si avare de sa peau et de cette impératrice si prodigue de ses cuirs.

A la pensée que la République avait, sans faire aucun embarras, préparé en moins de deux ans une solennité

vingt fois plus énorme que le petit raout de 1867, les bonapartistes ont été pris d'accès de rage folle.

Si bien que, désireux de contribuer à l'éclat de cette fête de l'intelligence, nous avions conçu le projet, mon collaborateur Alfred Le Petit et moi, d'exposer dans la section française, un superbe plan en relief, grandeur naturelle, représentant le nez d'un bonapartiste influent, nez que nous avions fait mouler le 1er mai, jour de l'ouverture de l'Exposition.

o o o

Malheureusement, nous ne nous étions pas bien rendu compte des proportions que pouvait atteindre un nez de cette espèce dans un moment pareil.

Et quand nous sommes arrivés pour placer l'objet dans la vitrine que nous avions louée à cet effet, nous avons constaté que cette vitrine était extraordinairement trop courte pour le recevoir.

Il y avait bien la galerie des machines, qui pouvait à la rigueur en contenir une partie, et que M. Krantz avait mise fort gracieusement à notre disposition.

Mais on a reconnu que notre *machine* obstruerait le jour dans toute la longueur de la galerie.

Nous sommes obligés de nous contenter de donner ici à l'échelle $\frac{1.0001}{10.000.000.000\ \mathrm{m}}$ une vue à vol d'oiseau de ce phénomène, produit étonnant d'un ratapoilisme féroce et d'un patriotisme ardent.

Enfin, en dépit de tous les cancans malveillants des feuilles chilehurstiennes, l'Exposition s'est ouverte et brillamment ouverte.

C'est une chose merveilleuse par son exécution, et qui sera surtout merveilleuse par ses résultats, car elle aura deux effets certains :

Le premier de prouver qu'un peuple n'est pas amoindri par une extorsion de territoire quand il sait faire jaillir de son malheur même ne fût-ce que la dernière étincelle de fierté qui sommeillait au fond de son âme.

Le second, de faire rêver un peu les timides et les retardataires, et de les conduire à se demander ce que pourrait faire une République définitivement constituée et désormais inattaquable, quand la pauvre Cendrillon, maltraitée par tous depuis sept ans, a pu, entre toutes les gifles et tous les horions qui lui pleuvaient sur la tête, faire. . . . . .

. . . . . ce que nous allons voir ensemble, cher lecteur.

M. KRANTZ

Tout jeune, M. Krantz montra de grandes dispositions comme organisateur.

Il avait le génie de l'ordre et la haine du fouillis : ses livres, ses plumes, ses cahiers étaient toujours rangés dans son pupitre avec une régularité parfaite.

Il poussait l'horreur de l'encombrement à un tel point, qu'il se faisait deux raies parallèles dans les cheveux, afin que ses poux puissent prendre leur droite.

Une vocation aussi accentuée ne pouvait conduire M. Krantz qu'à deux postes, également honorables : celui d'administrateur ou celui de préposé à un vestiaire.

Il fut administrateur.

Les personnes qui ont affaire aux ouvreuses de l'Odéon les jours de premières peuvent le déplorer.

Mais la majorité des Français ne peut que s'en applaudir aujourd'hui.

Après avoir dirigé l'Exposition de 1867, qui fut déjà remarquable, M. Krantz vient d'organiser, au milieu des braiments des bonapartistes hydrophobes, celle de 1878 qui est une merveille.

o o o

Notons ici que M. Krantz, sans être absolument un révolutionnaire farouche, siège à la gauche du sénat, qu'il a adhéré nettement à la République, voté contre la dissolution et approuvé le manifeste des sénateurs républicains dans lequel l'imbrogliade du 16 mai 1877 était traitée comme méritait de l'être cette diarrhée de coup d'Etat qui n'a pu être arrêtée que cinq mois après par le bismuth du suffrage universel.

o o o

Etre devenu républicain et avoir organisé victorieuse-ment une gigantesque exposition républicaine : c'est là plus qu'il n'en fallait à M. Krantz pour déchaîner contre lui le parti illustré par la victoire de Sallandrouze et l'apothéose de Sedan.

Aussi le commissaire général de l'Exposition n'a-t-il plus rien à désirer comme célébrité : la France républicaine lui a délivré un brevet glorieux que les bonapartistes ont amplement ponctué de leur bave.

C'est le comble !...

1er MAI... L'INAUGURATION

Le 1er mai, à deux heures, au milieu d'une boue atroce, sous des averses terribles, en un mot par un temps à mettre des bonapartistes dehors, — ce qui n'est pas une particularité, attendu que tous les temps sont bons pour cela — l'Exposition a été ouverte solennellement au Trocadéro.

Il faut renoncer à décrire l'enthousiasme de la population pendant cette journée, qui fut comme une explosion de patriotisme et de fraternité.

Quand nous disons : patriotisme, nous n'entendons ce mot que dans sa vraie, sa seule acception : l'élan vers la liberté.

Il importait de préciser la signification, si outrageuse-

ment faussée jusqu'ici, d'un mot qui est ou sublime ou imbécile, selon que les rois l'accommodent à leur sauce pour
le faire avaler aux peuples, ou que les peuples, qui seuls ont
bon goût, le mangent nature.

o ° o

Le patriotisme d'un peuple, quand ce peuple est opprimé,
c'est bien du patriotisme, si vous voulez ; mais un patriotisme bâtard que les maîtres de ce peuple ont frelaté pour
le décomposer en CHAUVINISME, le chauvinisme étant là
joie des contribuables inconscients et la tranquillité des
empereurs encaissants.

Ce patriotisme-là inspire des rimes sonores à : *guerriers*,
à *gloire* et à *mitraille*, et se solde toujours, comme on le
sait, par la perte d'un coup de cartes final qui emporte en
une fois tout le bénéfice des précédents coups de dés plus
heureux, plus la première mise, qui n'est pas mince.

Et la nation qui pratique ce genre de patriotisme idiot
se réveille un beau matin, après vingt années de gloriole

creuse et de veine tout ce qu'il y a de plus vaine, et rossée et ruinée en trois mois pour plus de quinze ans.

Sans compter que le temps qu'elle a employé à aller chercher de la gloire au dehors, elle n'a pu l'occuper à acquérir de l'indépendance au dedans.

Si bien que, tout compte fait, elle n'a rien gagné d'un côté et tout perdu de l'autre.

C'est ce que veulent les inventeurs couronnés du faux patriotisme en question, car leurs appointements n'ont pas cessé de courir, bien entendu.

Le patriotisme d'un peuple libre, c'est tout autre chose.

Il consiste fort peu à s'enorgueillir d'être esclave dans un pays immense, et beaucoup à vouloir être citoyen d'un état où le droit règne.

Il part de ce principe, que la fraternité des peuples est le seul but de l'humanité, et que les frontières ne sont qu'un bruit que les rois ont fait courir.

C'est à ce dernier modèle de patriotisme que vient de s'arrêter la France, et le jour de l'inauguration de l'Exposition a été un premier et formidable accès de cette fièvre qui sauvera notre pays et fondera la République.

o o o

Rien ne pourrait donner une idée de l'aspect de Paris le soir du 1ᵉʳ mai : marchands de drapeaux et de lanternes avaient été pillés dans la journée.

A huit heures, un bout de bougie valait 15 francs. Les femmes bâclaient à la hâte des bannières multicolores avec leurs chemises et leurs jupons, on improvisait des hampes avec les tringles de rideaux, les manches à balais, les queues de billard, etc., etc.

o o o

On raconte qu'un citoyen de la rue Rougemont, n'ayant pu trouver de bâtons pour fixer à ses fenêtres les drapeaux qu'il avait confectionnés avec ses vieilles robes de chambre, usa d'un stratagème ingénieux et patriotique pour pavoiser sa façade.

Il donna l'ordre de nettoyer à fond son appartement et au fur et à mesure que sa femme, ses deux bonnes, son garçon de magasin et sa belle-mère essuyaient les meubles avec les chiffons tricolores qu'il leur avait remis, il remettait clandestinement de la poussière partout.

o o o

Si bien que, de midi à huit heures du soir, tout son personnel, qui frottait avec ardeur, venait à tour de rôle se-

M. KRANTZ

couer par les |fenêtres les linges dont il se servait pour essuyer les dessus de commode, les fauteuils et les étagères.

Cela constitua, pendant tout l'après-midi, un pavois animé et brillant qui fut très-remarqué.

Le lendemain, le patriote roublard était signalé et porté pour la croix.

Nous ne terminerons pas le récit de cette brillante cérémonie d'inauguration sans mentionner un des faits les plus importants de la journée.

Au Trocadéro, le maréchal de Mac-Mahon prononça une allocution qui se termina par cette phrase :

« Au nom de la République !... Je déclare l'Exposition ouverte. »

Des témoins oculaires affirment qu'après avoir prononcé ces mots : *Au nom de la République !* le Maréchal eut une expression de physionomie où se mêlaient à dose égale la surprise et le contentement.

Il paraît que jusqu'à ce jour l'idée seule qu'il pourrait prononcer le mot : République lui avait causé une violente répulsion.

Il ne croyait pas, dit-on, que ce vocable pût sortir de sa bouche sans entraîner à sa suite un cortége de haut-le-corps et de vomissements.

C'est ainsi que l'on explique le double sentiment de
satisfaction ou d'étonnement qu'il éprouva en constatant
que le mot République, prononcé pour la première fois,
non-seulement ne lui avait pas causé de nausées, mais
encore ne lui avait laissé aucun goût amer dans la bouche
—au contraire.

*   *   *

Il paraît que, cinq minutes après, le Maréchal souriant,
avait la physionomie d'un enfant qui a fait pendant trois
heures la grimace pour avaler un peu de magnésie et qui,
une fois la magnésie avalée, se dit :

« Je croyais que c'était plus mauvais que ça. »

*   *   *

On affirme même qu'il voulait recommencer, séance
tenante, et crier à tue-tête : *Vive la République !*... et que
son entourage dut le retenir.

*   *   *

Nous terminerons en émettant la conviction acharnée
que pareille chose serait arrivée aux ordonnateurs de cette
fête splendide, s'ils eussent — à l'instar du Maréchal-Pré-
sident — pris crânement la résolution de faire jouer aux

musiques militaires; à la place de nous ne savons quelle mélodie de Gounod, inconnue de tout le monde, le véritable hymne patriotique que tous les Français ont sur les lèvres et dans le cœur : la *Marseillaise*.

Ces choses-là, pour les retardataires et les timides, c'est encore comme la magnésie pour les enfants.

On s'en fait d'abord un monstre... et une fois qu'on a mis le nez dedans.....

PREMIÈRE VISITE

Les allées du Trocadéro et celles du Champ-de-Mars ayant été ensablées à la hâte, et le temps ayant manqué pour passer dessus les rouleaux compresseurs qui devaient les aplatir, il en est résulté que les visiteurs trop pressés qui ont été à l'Exposition pendant la première semaine

sont tous entrés dans le sable comme des épingles chauf- fées à blanc dans une motte de beurre.

On évalue à cent vingt-cinq mille personnes le nombre de curieux qui ont ainsi disparu dans les allées du 2 au 9 mai.

Seulement, cela a fait un excellent fond de terrain, et maintenant que l'on ne marche plus que sur des crânes serrés et à fleur de terre, la circulation est devenue très-agréable.

Quelquefois on glisse encore un peu. C'est quand l'on met le pied sur un chauve.

Mais si l'on a la précaution de faire attention à ses pieds et de ne les poser que sur des têtes chevelues, c'est même plus moelleux que le macadam ordinaire.

Ce nouveau système imprévu de pavage a bien encore quelques légers inconvénients. Rien n'est parfait sur la terre ; à plus forte raison dessous.

De temps en temps, un visiteur lourd met son pied sur une tête et enfonce lui-même tout d'un coup.

C'est qu'il a eu la malchance de tomber sur un englouti de toute petite taille qui n'attendait qu'une surcharge pour descendre jusqu'à la couche de terre dure.

Alors, c'est le second visiteur qui complète le manquant en comblant le nouveau trou.

Il y a quelquefois, dans ce cas, un léger excédant, et la seconde moitié du pieu humain dépasse de 15 ou 20 centimètres.

Mais la circulation est si grande que tout se nivelle bientôt.

Nous avons donné ces renseignements, afin que les Anglaises qui viennent visiter l'Exposition ne s'effraient pas outre mesure quand il leur arrive de se sentir inopinément mordues au-dessus de la cheville en passant dans les allées.

C'est quelque ensablé de la première heure qui n'est pas encore suffisamment enfoncé.

LES STATUES DE LA FAÇADE DU CHAMP-DE-MARS.

C'est une très-jolie idée qu'a eue M. Krantz de faire placer sur la façade de l'Exposition les statues de toutes les nations exposantes.

Presque toutes sont d'ailleurs très-réussies.

L'*Espagne*, du sculpteur Doublemard, est fort belle. L'auteur a évidemment pratiqué sur une grande échelle le principe de l'oubli des injures en représentant ainsi le pays auquel nous devons la Montijo et la Estudiantina.

Également remarquable — quoique peut-être un peu massive — la *Chine* de M. Captier.

On affirme que plusieurs visiteurs, en remarquant cet embonpoint, se sont écrié :

— La pauvre femme !... jamais elle n'ira jusqu'à la clôture.

°_°

Les étrangers timides, en passant devant elle, font un léger détour dans la crainte de recevoir un magot sur leur chapeau.

Et il paraît que Mgr Dupanloup doit prochainement interpeller le ministre des cultes pour lui demander pourquoi il n'a pas encore essayé de sauver l'âme de l'enfant en faisant ouvrir par un charpentier ou un boucher — comme cela se pratique depuis quelque temps dans diverses campagnes — le ventre de la mère.

La statue des *Indes Anglaises*, avec ses anneaux dans le nez, a une petite tête très-amusante.

Le *Japon* très-gracieux a peut-être un peu trop l'air, avec sa frimousse parisienne, d'être arrivé au Champ-de-Mars par l'omnibus de la rue Notre-Dame-de-Lorette.

Mais la merveille de cette galerie cosmopolite est assurément la *Norvége.*

Cette figure réunit avec un rare bonheur la beauté, la force, la chasteté, la noblesse et la vigueur.

On est absolument captivé en [contemplant cette tête
calme, douce et fière, taillée en plein peuple par le sculp-

teur, qui a voulu faire — et a fait à ravir — non une de
ces images froides et de convention que l'imagination du
spectateur ne sait dans quel milieu placer ; mais bien une
de ces femmes, belles, robustes et vraies et dont la beauté
ne commande que l'admiration.

° ° °

Ce n'est déjà pas si commun en art que le portrait d'une
belle femme devant lequel Gavroche peut dire, comme
nous le lui avons entendu dire de la *Norvége :*

— Mince alors !... En voilà une particulière à qui on
n'aurait pas envie de pincer les genoux en omnibus !...

La *Russie* de M. Lepère est jolie aussi : mais bien froide. L'auteur aurait pu la faire jouer au bilboquet, c'eût été plus gai et plus inoffensif.

Cette couronne-ti are surmontée d'une croix... cette grande épée... l'écusson aux deux têtes d'aigle... ce globe terrestre aux pieds de la déesse du knout!... Tout cela est bien peu intéressant... et au fond, ne signifie pas grand' chose... de bon surtout.

Nous eussions peut-être préféré le buste de Vera Zas-

soulich. Il nous semble que la tête doit avoir plus d'anima-
tion.

Et puis... c'est mieux la Russie de nos rêves!... Les
goûts, ça ne se discute pas.

o o o

Quant à la statue de la *Belgique*, nous trouvons que l'auteur a abusé de la permission d'être désagréable à une
nation voisine et amie qui, en somme, si elle expulse
Victor Hugo de son territoire chaste et pur, offre une
hospitalité tout écossaise à nos caissiers, à nos escrocs et
à nos tripoteurs en fuite.

o o o

Pourquoi avoir donné à la Belgique un air si bête?. . .
Les jolies Belges n'ont point, à beaucoup près, cette
expression niaise.

Quand l'on s'arrête devant la statue de cette femme à la
physionomie de gâteuse, on se souvient malgré soi du
mot cruel et... injuste : *B...elge comme une oie.*

o o o

Et si — nouvelle statue du Commandeur — elle ouvrait

la bouche pour vous dire, dans l'idiome de son pays, la phrase si connue : *Pour une fois, sais-tu, monsieur !...*

On serait capable de lui répoudre :

— Non... non... pas même pour une fois, tu as l'air trop gnole!...

Le sculpteur qui a commis cette figure aura, nous l'espérons, des remords d'avoir vexé une nation paisible.

Et si nouvelle occasion lui est offerte de représenter la Belgique dans ce qu'elle a de plus beau et de plus spirituel, il se souviendra que Mme Gueymard est belge et ne s'inspirera plus de Francis Magnard.

Le gérant : CANUEL.

LE PHONOGRAPHE

Cette fois, il n'y a pas à marchander les mots : nous sommes bel et bien en face d'une des *Merveilles de la science.*

Le phonographe, inventé par M. Edison, Américain, est absolument le daguerréotype du son.

Sur une petite plaque vibrante, on parle, on chante, on renifle, on éternue, on siffle, on... tousse.

Et immédiatement, une aiguille transmet sur une bande de plomb les empreintes de ces différents bruits; on les cliche ensuite, et le phonographe vous les répète ensuite où vous voulez, quand vous voulez, autant de fois que vous le voulez.

Nous pensons que nos lecteurs apprendront avec plaisir les circonstances qui ont amené la découverte de ce curieux instrument.

Voici :

Il y a quelques mois, à New-York, une jeune ouvrière était courtisée par un de ses voisins, très-joli garçon du reste, mais un peu... Joconde.

Un soir, pendant que la jeune fille était en train de piquer, à l'aide de sa machine à coudre, une de ces passementeries en fil d'argent avec lesquelles il était de mode de border les caracos, le jeune homme se tenait tout près d'elle et lui parlait de son amour en termes excessivement vifs.

L'aiguille sautillait, rapide et légère, sur le joli galon de métal, la jeune fille rougissait et le galant était pressant.

Tout à coup, sur un doute que venait d'élever Marguerite à l'égard de la pureté des intentions de Faust, celui-ci s'écria avec l'accent d'une conviction très-sincère :

— Je vous jure, miss Brigton, que je vous épouserai!...

La machine à coudre s'arrêta net et...

Tirons un voile sur des détails qui ne nous regardent pas et enjambons..

Huit mois après, miss Brigton assignait, — selon l'usage du pays, — son séducteur devant un tribunal et lui demandait ou de l'épouser, ainsi qu'il l'avait promis, ou de lui payer trente-deux mille dollars à titre de dommages-intérêts.

Mais ce fut en vain que la belle jeune fille jura ses grands dieux que l'infidèle lui avait promis le mariage : elle n'en pouvait fournir aucune preuve.

Et quand le juge disait au jeune homme :

— Voyons, mon ami, rappelez vos souvenirs... Vous êtes-vous engagé à conduire mademoiselle à l'autel?

Don Juan répondait invariablement d'un ton narquois :

— Jamais de la vie!

Une de ces réponses canailles mit la jeune Américaine dans une telle fureur, qu'elle eut une attaque de nerfs et s'évanouit en crispant ses jolis ongles, qui ratissaient dans toute sa longueur le galon du caraco qu'elle portait. .

D'un mouvement nerveux dont elle n'avait pas conscience, la jeune fille promenait ses doigts sur cette broderie que ses charmantes griffes labouraient du haut en **bas.**

Mais quel ne fut pas le saisissement des juges et de l'auditoire en entendant sortir du vêtement de miss Brigton une voix qui articula très-nettement, avec le timbre et les intonations du séducteur, ces mots terribles :

— Je vous jure, miss Brigton, que je vous épouserai!

Ces paroles furent même immédiatement suivies du bruit de quelques doubles baisers très-sonores.

Tout le monde se regardait avec stupeur.

Le jeune homme devint fort pâle.

Mais, reprenant vite son sang-froid, il dit en souriant :

— C'est sans doute un ventriloque 'de mes amis qui est dans la salle et qui me fait une farce.

* * *

Quant aux commères qui assistaient à l'audience, elles furent persuadées que cette voix était sortie des entrailles de la jeune plaignante, qui se trouvait d'ailleurs dans un état assez intéressant.

Et elles criaient de toutes leurs forces :

— Quelle canaille!... Entendez-vous?... C'est son fruit qui l'accuse et le confond.

* * *

M. Edison, lui aussi, était dans la salle comme simple spectateur.

Il ne crut ni au ventriloque ni au poupon révélateur.
Mais il fronça le sourcil de l'air d'un homme qui se dit :
— Attention !... Il y a quelque chose là-dessous.

Et, pendant que les juges déboutaient miss Brigton,
faute de preuves suffisantes, il s'approchait de la jeune
fille et lui offrait trente-deux mille dollars de son caraco.

Le marché fut conclu, et il emporta le précieux vêtement, qu'il soumit en rentrant chez lui à un minutieux
examen.

Il constata que le galon en fil de métal était pointillé à
un endroit de petites marques nombreuses et irrégulières.
Il promena son ongle dessus, et le galon répéta de
nouveau :

— Je vous jure, miss Brigton, etc., etc.

Après de laborieuses recherches, il obtint la preuve que les petits signes imprimés sur le caraco avaient été tracés par une aiguille reproduisant les vibrations de la parole.

Le phonographe était trouvé.

Maintenant, quelles vont être les conséquences de cette merveilleuse découverte ?

On se réjouit à la pensée qu'elles seront immenses ; mais on tremble aussi en entrevoyant de quelle nature elles peuvent être.

Avec un instrument qui mettra pour ainsi dire en bouteilles les conversations les plus intimes et les propos les plus compromettants, que va devenir la sécurité de certaines gens.

Sera-t-on jamais sûr de parler dans un endroit où ne se cache pas un phonographe, soit dans un tiroir, soit dans un placard, soit dans un sommier élastique ?

M. ÉDISON

C'est effrayant !

Quant aux applications pratiques et avantageuses de cet étonnant appareil, elles seront on ne peut plus variées.

Sans compter le plaisir qu'auront les gens qui songent tout haut la nuit, d'apprendre le lendemain matin ce qu'ils ont dit en rêvant, rien ne sera plus curieux, par exemple, dans un ménage, que de pouvoir comparer, au bout de quinze années d'union, les propos de fiançailles d'antan avec les discussions actuelles sur le budget de la toilette de madame.

Et il ne sera pas moins intéressant de faire vibrer à cinq ans d'intervalle aux oreilles du député élu et devenu conservateur, ses professions de foi de candidat intransigeant.

Cela amènera une petite réforme dans le langage familier usité en pareille circonstance.

On ne dira plus, en parlant d'un homme que l'on a convaincu de défection :

— Je lui ai mis le nez dans ses ordures.

Mais bien :

— Je lui ai frotté le nez sur sa plaque.

M. EDISON

Thomas Alva Edison est né en 1847 de parents sans fortune.

Dès sa plus tendre enfance, il montra uné aptitude rare pour les découvertes. Il n'avait pas trois semaines, qu'il découvrit déjà le sein de sa nourrice pour teter.

En sortant de l'école, il entra comme employé dans les télégraphes. Tout ce qui était mécanique l'attirait. Il passait des heures entières à contempler les tourne-broches, les métronomes, les miroirs à alouettes, les jambes articulées et les tableaux du pédicure Galopeau.

Il nous a avoué qu'en 1872 il fit le voyage de New-York à Paris pour voir le général Changarnier descendre de la tribune et mettre ses gants.

o o o

A vingt ans, Edison avait déjà plus de trente brevets d'invention.

Il en est aujourd'hui à son cent cinquante-septième ; et le célèbre américain n'est pas un de ces timbrés qui prennent un brevet comme on prend un bock, quand ils ont trouvé une nouvelle manière d'éplucher les fraises ou de saliver derrière les timbres-poste.

Non!... Edison ne compte comme inventions que des inventions colossales.

o o o

On lui doit d'abord le *phonographe*, ce renversant appareil à photographier le son que nous venons de décrire.

Ensuite, le *stock-telegraph* qui télégraphie les nombres avec une rapidité si foudroyante que l'on est obligé de capitonner l'appareil du bureau récepteur pour que ces nombres ne se cassent pas la figure dessus en arrivant.

Puis le *quadruplex-telegraph*, au moyen duquel on transmet quatre dépêches à la fois par le même fil.

Voilà ce que cela donne pendant que c'est en route :

« *Fanny — prenons* 120 *balles — heureusement accouchée*
« *— nous vous attendons — ferme à* 62,50 *— d'un garçon*
« *— pour dîner à sept heures — mère et enfant — Lendron*
« *élu — amenez les Badouillard — se portent bien — avec*
« 2 500 *voix — nous vous attendrons — de majorité — à la*
« *gare.*

Mais au bureau d'arrivée il y a un grand peigne nommé le *démélographe* qui débrouille tout cela et en fait des paquets pour chaque destinataire.

Pendant les premiers jours, il y a bien eu quelques légers désordres.

Ainsi, par exemple, un ingénienr français qui était en Amérique depuis six mois reçut un matin de sa femme, résidant à Paris, le télégramme suivant dont il fut un instant abasourdi :

« Cher ami, joie de vous apprendre allez être père; ras-
« surez-vous, n'êtes pour rien dans l'affaire. »

Recherches faites au bureau de dépêches, on reconnut que le *quadruplex-telegraph* d'Edison avait amalgamé par erreur à la dépêche en question la seconde partie d'une autre qu'un négociant de Liverpool adressait à un de ses confrères pour lui apprendre qu'il n'était pas compromis dans une grosse faillite anglaise.

Mais c'est égal ; ce *« n'êtes pour rien dans l'affaire »* avait fait un instant froid dans le dos de l'émigré.

Edison a aussi inventé une plume électrique au moyen de laquelle on obtient d'une lettre que l'on écrit autant de reproductions que l'on en désire.

En forçant la dose l'électricité du porte-plume, celui-ci s'arrête net quand l'on est sur le point de faire une faute d'orthographe.

⁂

Nous n'en finirions pas si nous entreprenions d'énumérer toutes les inventions d'Edison.

Celles qu'il rêve ne sont ni moins nombreuses ni moins extraordinaires.

Citons entre autres l'*adultérgraphe*, instrument surprenant qui participe du télégraphe électrique, du phonographe et du téléphone.

Ce nouvel appareil permettra aux amoureux de faire des cocus à distance.

Article spécial pour primes du *Figaro*.

Edison vit très-simplement, et en famille à Menlo-Park.

Il n'a encore que deux enfants ; mais il paraît que madame Edison tremble continuellement de mettre au monde cinq ou six jumeaux.

Le fait est que d'un homme qui invente des *quadruplex-telegraph*, il y a tout à craindre.

Edison est libre-penseur, naturellement !

Monseigneur Dupanloup ne pouvait décemment espérer qu'un homme qui sait combien il faut de siècles pour arracher à la nature le plus infime de ses secrets, pût croire qu'une autre personne — pas même un boulanger — ait, il y a deux mille ans, nourri cinquante mille personnes avec un pain d'une demi-livre.

L'inventeur du phonographe est atteint d'une singulière infirmité pour un homme qui passe sa vie à fabriquer des instruments auriculaires.

Il est un peu sourd.

Aussi s'occupe-t-il activement en ce moment de son fameux microphone, appareil qui grossit cinq cents fois la voix humaine et les autres sons insaisissables à l'oreille nue.

Ce sera bien commode pour injurier sa belle-mère de loin.

Mais il faudra bien faire attention en entrant dans un salon de ne pas s'asseoir dans un fauteuil sur lequel l'enfant de la maison aurait oublié son microphone.

Il peut arriver dans la conversation de laisser échapper *mezza voce* un de ces *a parte* qui n'ont pas besoin d'être grossis cinq cents fois... au contraire.

LE PLANCHER DU CHAMP-DE-MARS

Malgré les recettes phénoménales qui se font depuis l'ouverture aux différents guichets de l'Exposition, beaucoup de personnes d'un naturel tremblant se demandent si M. Krantz parviendra à équilibrer les dépenses colossales de son entreprise.

Qu'on se rassure. Tout a été prévu :

Il n'y a pas que la vente des tickets, qui à raison de 65,000 francs par jour en moyenne donneront pour les six mois au bas mot une douzaine de millions!

Il n'y a pas que le produit des cartes d'abonnement!

Il n'y a pas que la recette des concerts du Trocadéro!

Il n'y a pas que le droit de location des exposants!...

Tout cela ne constituerait que des ressources insignifiantes si l'administration n'avait songé à une source de produit bien autrement importante.

Nous voulons parler des planchers à jour du Champ-de-Mars.

Ces parquets intelligemment construits sont établis de façon à faire plus de recette à eux seuls que les dix-huit tourniquets duChamp-de-Mars et du Trocadéro ensemble.

Entre les lames des fentes suffisamment larges ont été ménagées.

Et l'on évalue à deux cent cinq mille francs par jour la valeur des pièces de monnaie, bagues, boucles d'oreille, jarretières, pince-nez, breloques, bouts de cannes, d'ombrelles et de parapluies, timbres-poste, clous de souliers de provinciaux, éventails, porte-pipes, etc., etc... que les visiteurs y voient disparaître.

Une puissante compagnie vient d'offrir à M. Krantz de

se rendre acquéreur à forfait de tout ce butin pendant la durée de l'Exposition.

Elle offre trente millions.

M. Krantz attend. Il a raison... cela vaut mieux que ça.

On voit que le produit de l'Exposition est assuré.

Ces fentes ont bien de temps en temps un petit désagrément pour les visiteurs ; — qu'est-ce qui est parfait?...

Le jour de l'Ascension, par exemple, un monsieur qui

circulait dans la galerie anglaise a enfoncé par mégarde le bout de sa canne dans un de ces interstices de rapport.

Il marchait extrêmement vite et comme pour comble de malheur il avait eu l'imprudence de se passer autour du poignet la lanière en cuir de la canne, il advint que par la secousse qui fut très-forte il ne put dégager sa main et eut le bras arraché à la hauteur de l'épaule.

, Du reste nos lecteurs peuvent voir ci-dessus comment cela s'est passé.

Mais que sont de si insignifiants incidents comparés au merveilleux résultat financier des parquets à fentes !...

Et puis, en somme, on n'a pas besoin pour se promener dans une exposition de passer le cuir de sa canne autour de son poignet comme un roussin bonapartiste qui cherche des crânes à fendre dans les foules inoffensives!

LE FRANC-FILEUR

LE FRANC-FILEUR

De l'Exposition.

~~~~~~

Comme le siége de 1870, l'Exposition universelle de 1878 a ses francs-fileurs.

Le franc-fileur du siége était un monstre.

Celui de l'Exposition, heureusement, n'est qu'un gâteux.

Deux tristes espèces en somme.

Le franc-fileur — ou genreux — d'un genre exécrable — a communément une quarantaine d'années. Il est célibataire, désœuvré, bête et bonapartiste.

C'est un des spécimens de cette génération condamnée que l'empire a pourrie de vingt à trente et qu'il a laissée en
~~~~~~

partant trop viciée pour que le dépuratif républicain puisse avoir raison de ses scrofules.

Sedan l'a surpris autour de la trentaine, déjà vieux, usé, blasé, indifférent à toute chose virile, n'ayant eu pour exemple moral que son père soumis par le 2 Décembre, engraissé par ses suites, et pour professeurs de dignité civique que les guenons de coulisses de cafés-concerts.

Il était trop tard pour qu'il fît un retour sur lui-même

et il est resté cet être flasque, inutile, et indifférent qui
n'accepte de la vie que les côtés que l'on nomme aimables, c'est-à-dire les côtés vicieux.

o °o o

Incapable de tenter le moindre effort pour arracher son
cœur au néant de l'existence du viveur et son intelligence à l'ornière de servitude entripaillée, il ne comprend
rien de ce qui est beau, ne ressent rien de ce qui est
noble.

o °o o

Sa patrie, c'est un cabinet particulier orné de glaces
aux hiéroglyphes... internationaux.

Sa conscience c'est le : *dont deux sous* de la Petite
Bourse du soir.

Sa foi, c'est celle de Villemessant.

Son enthousiasme, c'est une saleté bête d'opérette dite
encore plus bêtement par la grue en vedette de l'endroit.

o °o o

Aussi, quand tout le monde enchanté, ravi, de la

réussite d'une fête gigantesque qui allait rendre à la France une partie de sa gloire, laissait échapper des transports de joie ; lui — le genreux inepte, — bâillant d'un air stupide ne manquait pas de dire :

— Paris est insupportable pendant l'Exposition, je file....

Et il l'a fait comme il l'avait dit, le triste idiot. Il a filé!....

Toutes les nations du globe s'étaient cotisées pour lui apporter sous le nez de quoi l'instruire en six mois pour plus de quinze ans.

Il a filé !

On lui offrait tous les trésors du monde entier.

Il n'avait qu'à regarder pour apprendre mille choses utiles qu'il ignore ; il pouvait comparer entre eux arts, industrie, progrès, sciences, tout enfin ce qui réveillerait de son sommeil intellectuel l'être le plus impassible et le plus borné.

Il a filé.

✿

Rien de tout cela ne pouvait ni l'intéresser ni l'émouvoir. Peuh ! des roues qui tournent toujours dans le même sens, des machines qui font des queues de boutons, des paysages de maîtres où il n'y a jamais que de l'eau, de l'herbe et des arbres, des costumes d'Indiens qui ne portent pas de cols cassés, des monuments étrangers... des appareils de sauvetage... des tondeuses, des faneuses, des semeuses qui font chacune quinze journées d'homme en deux heures ! Est-ce qu'il y a là de quoi faire faire seulement trois pas à ce citoyen d'élite qui a fait le tour du quart de monde en quatre-vingts nuits !... Allons donc.

✿

Il a filé, ce superbe dédaigneux du bazar de la R. F., comme il dit.

Il reviendra cet hiver quand il n'y aura plus à la devanture des maisons un seul de ces drapeaux qui l'assomment, et quand il ne sera plus question à Paris d'autres succès patriotiques que ceux de mademoiselle Théo aux Bouffes, ni d'autres vacheries modèles que le promenoir des Folies-Bergère.

⁂

Il a filé !... Bon vent qui l'emporte !...

C'est toujours un visage laid, sot et puant que verront de moins les étrangers intelligents qui font huit cents lieues pour venir applaudir ce que dédaigne cet imbécile.

LA MACHINE A ENGERBER

Au nombre des instruments agricoles — qui presque tous sont très-intéressants, — nous avons remarqué la machine anglaise à engerber.

L'idée remarquable de cette machine est une grande plate-forme, garnie de longues pointes, qui, en se développant sur deux roues, pique les gerbes, les ramasse et va les ranger dans le chariot.

Voici à peu près la chose :

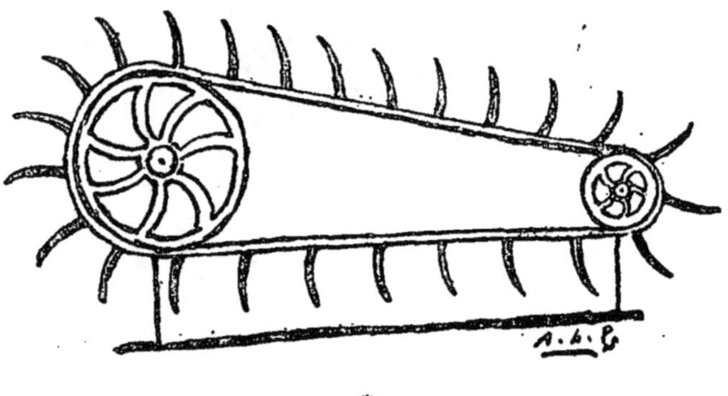

Nous serions bien surpris si cette invention très-ingénieuse ne donnait pas l'idée de l'appliquer aux omnibus pour l'ascension et la descente des voyageurs d'impériale.

La voiture n'aurait pas besoin d'arrêter.

On prendrait le voyageur à terre, comme ça :

On le placerait sur l'impériale.

Et on le redescendrait de l'autre côté par le même mouvement en sens inverse, comme ça :

Toujours sans arrêter l'omnibus.

Triple avantage!..

D'abord, économie de temps.

Ensuite fixation solide du voyageur qui ne pourrait pas tomber de l'impériale à la suite d'un cahot violent.

Enfin commodité pour tout le monde, attendu, qu'assis de cette façon, chacun bien à sa place, aucun voyageur ne pourrait anticiper sur celle de ses voisins.

LA TONDEUSE-RAMASSEUSE

Tout le monde connaît ces jolies petites tondeuses de gazon que les amateurs de villégiature n'ont qu'à promener doucement sur leurs pelouses pour les tailler. à la malcontent.

C'était déjà une très-jolie invention ; mais MM. Samuel Son et C° ont trouvé mieux.

Les tondeuses dont nous venons de parler coupaient très-bien l'herbe, c'est vrai ; mais elles en laissaient les bouts par terre.

Les inventeurs du nouvel instrument ont adapté à la tondeuse simple une boîte qui reçoit les brins d'herbe décapités.

Voici le modèle — sans prétention —

C'est bien simple, comme on le voit ; le tout était d'y penser.

Maintenant, comment cette idée est-elle venue aux inventeurs ?

Oh ! mon Dieu... de la façon la plus naturelle du monde.

Un des associés de la maison Samuel Son et C° était en train de se faire tailler les cheveux à Liverpool.

Au fur et à mesure que les poils coupés lui retombaient

sur la figure, dans les oreilles, dans le cou, etc., etc... ça le démangeait horriblement, et il disait :

— Dieu ! que c'est gênant d'avoir des machines qui vous grattent comme cela.

o o o

Puis cette réflexion lui vint :

— Si les coiffeurs se servaient de mouchettes pour vous couper les cheveux, il ne vous en tomberait pas sur la peau !...

o o o

Et cette autre :

— Mais s'il est désagréable pour un mortel de se sentir gratté par les bouts de cheveux qu'on lui coupe, il doit

être non moins assommant pour une pelouse d'être dévorée
par tous les petits brins d'herbe qui retombent de la tondeuse quand on la taille.

Cette pensée d'une grande humanité fut un trait de
lumière.

Trois semaines après la *tondeuse-ramasseuse* était créée.

LA MOUTARDE ANGLAISE

Très-curieuse, la fabrique de moutarde instantanée de MM. J.-J. Colman (division anglaise).

On sait qu'en Angleterre il est d'usage de faire sa moutarde sur la table.

Un peu de farine délayée dans quelques gouttes d'eau, rien de plus simple, rien de plus naturel.

Cette exhibition d'un pays libre va porter un coup fatal à un tas de moutardes françaises — moutardes de la

décadence — qui sont aromatisées d'une façon saugrenue et maquillées comme de vieilles dames d'honneur.

○ ○ ○

Il était temps de réagir contre ces mélanges malsains.

Mangeons-nous de la moutarde, ou n'en mangeons-nous pas ?

Si nous mangeons de la moutarde, faisons-la avec de la graine de moutarde, autant que possible, et ne la parfumons pas au vitriol, à la violette ou à l'eau de Cologne.

○ ○ ○

La maison anglaise J.-J. Colman, pénétrée de ce grand principe, ne fabrique que de la moutarde pure.

Aussi a-t-elle été récompensée de son honnêteté rigide par le brevet de : *fournisseur du prince de Galles* qui s'étale à sa devanture.

○ ○ ○

Nous avons cru devoir accorder une mention à cette industrie saine et morale.

Saine, en ce sens qu'elle est une protestation contre la manie de falsifications et de mélanges qui se glisse dans notre alimentation.

Morale, parce qu'il est moral, en effet, que tout citoyen fasse lui-même sa moutarde.

Et ses moutards aussi.

Ajoutons que la maison Colman, avec une gracieuseté toute britannique, ne laisse passer aucun des visiteurs qui s'arrêtent devant son exposition sans lui offrir, à titre d'échantillon, une charmante petite boîte pleine de son sinapisme interne.

LE BADINGUOMÈTRE

Voici un petit appareil très-ingénieux qui nous est soumis.

On n'a qu'à le placer à une des portes de l'Exposition, — n'importe laquelle. —

Et immédiatement il donne le chiffre exact des entrées du jour.

Le fabricant de cet instrument a fait établir son premier modèle, alors qu'on ne pouvait savoir le succès immense du bazar de la R. F., comme dit le *Pays*.

Cet instrument n'est donc que de la force que de 250,000 tickets.

Mais il en confectionne en ce moment d'une puissance bien supérieure.

Notons que le *badinguomètre* est d'une rare précision ; l'inventeur l'ayant patiemment réglé depuis quatre mois sur tous les journaux bonapartistes de France.

LE BADINGUOMÈTRE

**Instrument servant à indiquer le nombre des entrées
à l'Exposition Universelle**

LA

MACHINE A FAIRE LES CHAPEAUX

Tout le monde s'arrête devant cette curieuse machine qui prend le poil de lapin à l'état brut et vous le rend, trois minutes après, sous forme de chapeaux.

Nous n'entreprendrons pas la description détaillée de cet appareil très-intéressant.

o ᵒ o

Disons seulement qu'un premier cylindre prend le lapin vivant et l'écorche ;

Qu'un second arrache le poil de la peau ;

Qu'un troisième le sèche ;

Qu'un quatrième le nettoie ;

o ᵒ o

Et enfin qu'un rouleau suprême prend le poil et l'envoie se faire feutre... dans le rouleau voisin.

LE CARILLON

Tous les jours de deux à quatre heures, le grand carillon de quarante-quatre cloches établi devant la galerie du travail donne un concert.

Nous croyons de notre devoir de prévenir nos lecteurs de ce guet-apens ; de même que nous serions bien aise que l'on nous avertît lorsque nous sommes pour passer quelque part où il pleut des tuiles et des ardoises.

Le carillon de monsieur E. Bollée, fondeur au Mans, est, à coup sûr, un très-joli instrument.

En démontant ses quarante-quatre cloches et en les éparpillant sur la surface du globe, on ferait assurément quarante-quatre villas très-heureuses (les petites pour demander le cordon à la grille, les grosses pour sonner le dîner).

Mais la vérité nous oblige à déclarer que, lorsque ces

quarante-quatre cloches se mettent à jouer des airs quel-
conques, elles produisent un ensemble complétement
ahurissant.

Chaque note de ce colossal harmonica est juste, nous
le voulons bien ; seulement, comme le son n'en peut être
étouffé après le battement, il en résulte que l'on entend
ensemble des notes qui n'ont jamais été faites pour passer
de front dans les tubes auditifs quelque peu délicats.

Pour les gens qui n'ont pas l'oreille bégueule, nous nous
servirons d'une comparaison d'odorat,

Et nous leur dirons qu'ils peuvent se faire une idée
assez exacte du bien-être qu'un tympan bien constitué
éprouve à entendre vibrer en même temps deux notes

discordantes, en se reportant eux-mêmes à la sensation divine que leur procure au restaurant, quand ils en sont aux fraises, l'arrivée d'un roquefort énergique demandé par leur voisin.

o o o

D'ailleurs, les constructeurs de ce merveilleux carillon conviennent, avec une très-bonne grâce, du vice rédhibitoire de leur instrument ; car ils ont placé dessus cet avis sanitaire :

o o o

Pour bien entendre le carillon, il faut s'éloigner d'au moins cinquante pas.

o o o

Le public obéit avec empressement à cette invitation. Aussitôt que la première note tinte, le vide se fait autour comme par désenchantement et sur une superficie de 300 mètres de rayon au moins.

o o o

Les arroseurs du Champ-de-Mars n'ont que ce moment-là, dans la journée, pour jeter tranquillement un peu d'eau sur le sable.

L'évacuation est si rapide que l'ou n'appelle plus le grand carillon du Mans que « la MACHINE A FAIRE LES SOMMATIONS. »

AVIS ESSENTIEL

aux visiteurs

Nous devons prémunir les visiteurs de l'Exposition contre le danger qui les menace, s'ils ne font pas suffisamment attention où ils posent le pied, de payer plusieurs fois leur entrée dans la même séance.

On sait que le Champ-de-Mars a une quinzaine de portes qui ont été établies pour éviter l'encombrement.

Or, à chacune de ces portes, il y a un tout petit guichet

très-bien gardé par où l'on entre et, tout à côté, une grille énorme, toute grande ouverte, par où l'on sort.

Il arrive que, sollicité par une annexe qu'il croit comprise dans l'enceinte de l'Exposition, le visiteur marche droit devant lui, franchit sans y faire attention la grille de sortie et se trouve hors du palais.

Quand il veut rentrer par cette grille on lui dit :

— La porte à côté !...

Il va à la porte à côté, on lui dit :

— Donnez votre ticket.

— Mais je l'ai donné tout à l'heure, répond-il.

— Tant pis... vous êtes sorti... il en faut un autre!...

— Mais non, je ne suis pas sorti...

— Mais si... la preuve c'est que vous êtes dehors...

— Dites plutôt que je me suis mis dedans, peut répondre le visiteur, s'il est jovial.

Mais il n'en est pas moins pour ses vingt sous.

Ajoutez à cela qu'il y a des marchands de tickets peu délicats qui exploitent la chose.

Ils ont un affilié qui guette.

Aussitôt qu'il voit une bonne tête de myope s'approcher d'une grille de sortie, il lui sourit du dehors, lui tend les mains en s'écriant :

— Tiens... ce cher ami !.. par quel hasard !..

Le myope croit que c'est un intime qui le reconnaît. Il s'avance vers le compère, franchit la grille et se jette dans ses bras.

Alors le compère lui dit d'un air tout déconfit :

— Oh!.. Pardon, monsieur... je vous avais pris pour un mes voisins de campagne.

Et le tour est joué ; il faut que le visiteur rachète un nouveau ticket au marchand qui se trouve justement là... comme par hasard.

.o °o o

Nous avons tenu à signaler ce traquenard à nos lecteurs.

D'abord dans leur intérêt ;

Ensuite parce qu'il faut enlever aux journaux bonapartistes tout prétexte de falsifier les résultats de l'Exposition.

o °o o

Il est évident que le jour où les guichets du Champ-de-Mars pointent 202,000 entrées, comme cela arrive souvent, le *Pays* ne doit pas être plongé dans l'allégresse.

o °o o

Il serait trop content si on lui fournissait l'occasion d'imprimer ceci le lendemain :

« Le bazar de la R. F. a reçu hier — dit-il — 202,000
« visiteurs, mais ce que l'on ne sait pas, c'est qu'ils n'é-
« taient que 20,200 en tout. — Seulement, les portes
« d'entrée du Champ-de-Mars ont été truquées de telle
« sorte, par ces crapules de républicains, que chaque visi-

« teur les ayant franchies par mégarde a été obligé de ra-
« cheter neuf tickets. On reconnaît bien là les agissements
« des hommes du 4 septembre. »   P. de C.

LES COCHERS DE FIACRE

Pendant l'Exposition.

Par une nuit sombre et pluvieuse de la fin d'avril 1878, cinq mille individus, coiffés de chapeaux de toile cirée et enveloppés dans de grands manteaux de caoutchouc, se réunissaient silencieusement au fond d'un fossé des fortifications de Belleville.

Le mot de passe était :

« HEUROPACOURSOTRO. »

Un vieux à tête de boule-dogue présidait. Il dit d'une voix grave :

LE COCHER DE FIACRE

— Frères!... l'étranger s'apprête à nous envahir!... Jurons qu'il ne foulera pas impunément les coussins sacrés de nos voitures!...

Et cinq mille voix répondirent d'un ton sombre : Nous le jurons!...

Immédiatement, la Société se constitua sous le titre expressif de : *Franc-colimaçonnerie*, et l'on vota par acclamation les statuts suivants.

ARTICLE PREMIER. — Les *francs-colimaçons* s'engagent, à partir du 1ᵉʳ mai, à considérer comme un ennemi, et à traiter comme tel, tout mortel — à quelque pays qu'il appartienne — qui lui fera signe d'arrêter sur la voie publique.

Art. 2. — Quand un *franc-colimaçon* sera requis de marcher par un mortel, s'il n'y a pas d'agent de police à 50 mètres du lieu du combat, il lui criera : **M....** de toutes ses forces et continuera son chemin en haussant les épaules.

S'il y a un agent de police et que, naturellement, le *franc-colimaçon* soit forcé d'être poli en apparence, il s'arrêtera et aura recours, pour se venger, aux moyens moins bruyants et plus jésuitiques qui vont d'ailleurs être énoncés dans les articles suivants :

, **Art. 3.** — Obligé de conduire un voyageur à l'heure, le *franc-colimaçon* ne devra pas marcher à raison de plus d'un kilomètre par quarante-cinq minutes.

Il sera tenu de prendre les rues où il y a le plus d'encombrements de voitures ou de convois funèbres.

Art. 4. — Si le *franc-colimaçon* est pris à la course, il pourra aller plus vite ;

Cependant s'il flaire que son ennemi se rend à une gare de chemin de fer et qu'il n'a que le temps juste d'arriver, il devra faire un léger sacrifice de ses intérêts au profit de la

haine générale et ralentir son allure de façon que son voyageur manque le train d'une demi-minute.

Art. 5. — Dans tous les cas, le *franc-colimaçon* devra passer au pas devant les boutiques de marchands de fromages et de marée, ainsi que devant les tonneaux des compagnies de vidange, l'hôtel du *Figaro*, les voitures

d'engrais, et généralement toutes choses répandant une odeur nauséabonde.

Art. 6. — Le *franc-colimaçon* sera tenu de raser le plus près possible les trottoirs afin que sa voiture pen-

chant fortement, par suite du dos d'âne que font les chaussées, son voyageur soit absolument mal assis et craigne constamment de verser.

ART. 7. — Sans tenir aucun compte du numéro de la rue qui lui aura été désigné par le voyageur, le *franc-colimaçon* devra s'arrêter, autant que possible, au milieu d'une flaque d'eau de quelque importance.

ART. 8. — Le *franc-colimaçon* conduisant une voiture découverte devra, de préférence, prendre les rues où il aura le vent en face.

Alors, il fumera un cigare ou une pipe et crachera continuellement de façon que toute sa salive soit ramenée sur la figure de son ennemi.

Si le *franc-colimaçon* ne fume pas, il devra cracher tout de même ; mais c'est moins complet.

* * *

Les statuts de la *franc-colimaçonnerie* contiennent encore une foule d'articles que le défaut de place nous force à négliger.

Les visiteurs de l'Exposition universelle pourront d'ailleurs, à leurs dépens, combler cette lacune.

Rien n'a été épargné pour embellir leur séjour parmi nous.

Hâtons-nous d'ajouter que tous les cochers de fiacre n'ont pas adhéré à la *franc-colimaçonnerie.*

Quelques-uns, n'écoutant que leur conscience et leur patriotisme, ont résisté et sont, au contraire, doux, affables, zélés et complaisants.

Mais nous ne pouvons engager nos hôtes à les prendre de préférence, attendu qu'avec ceux-ci, ils courent encore de plus grands dangers qu'avec les autres, les *francs-colimaçons* ayant juré solennellement d'accrocher toutes les voitures conduites par des cochers ne faisant pas partie de leur puissante association.

Somme toute, le cocher de fiacre est un des fauves les plus terribles de notre Exposition universelle.

L'amadouer, il n'y faut pas songer.

Le dompter par le pourboire serait peut-être le seul moyen d'en venir à bout ; mais il faudrait, pour cela, beaucoup de résolution, plus de résolution que n'en comporte généralement la nature humaine dans les petites choses.

Nous sommes ainsi faits : nous pestons pendant trois quarts d'heure contre le *franc-colimaçon*, quand il laisse passer systématiquement devant lui, grosses charrettes et lourds camions, et au bout du compte nous lui allongeons tout de même ses cinq sous.

Il ne le faudrait pas, car il compte sur notre désir d'être débarrassé de lui, et il l'exploite.

Nul doute pour nous que la *franc-colimaçonnerie* des cochers de fiacre ne reçoive le coup de la mort le jour où l'Internationale des voyageurs aura, à son tour, juré fidélité à la résolution suivante :

« Les conjurés s'engagent à ne donner de pourboire
« qu'aux cochers qui auront été polis avec eux et les
« auront conduits un peu plus vite que l'omnibus. »

Mais aurons-nous jamais le courage de faire ce 89 !.... voilà !...

LES JOURNAUX

Pendant l'Exposition.

Il n'est pas sans intérêt de jeter un rapide coup d'œil sur la contenance de la presse vis-à-vis de l'Exposition universelle.

Sauf les subdivisions, cette contenance a trois aspects très-tranchés :

Les enthousiastes, c'est-à-dire les journaux républicains.

Les furibonds francs, c'est-à-dire les feuilles chislehurs-.
tiennes.

Les vexés hypocrites, c'est-à-dire tous les papiers
ordremorâleux.

Des premiers, nous n'avons rien à dire. Ils se réjouissent
bruyamment du triomphe de cette grande fête qui peut
être, si l'on s'en sert bien, un brillant atout pour le gain

de la grande partie qui va se jouer dans quelques mois et
dont l'établissement définitif de la République est l'enjeu.

o ° o

Quant aux seconds, qui insultent chaque jour l'Exposition, la dénigrent, la diffament, la nient, et l'engloutiraient

si c'était en leur pouvoir, on peut déplorer leur manque de
patriotisme, on peut être pris de fortes envies de vomir
lorsqu'on les voit traiter le bazar de la R. F. d'ignoble
lupanar.

Mais il faut au moins leur reconnaître le mérite de la
franchise.

o ° o.

Ils voient la dernière de leurs espérances malpropres
balayée par ce succès immense.

Ils ne sont pas contents, ils beuglent : c'est dans l'ordre.

* * *

Mais pourrait-on jamais avoir assez de dégoût pour cette presse ordurière que nous avons classée dans la dernière catégorie... pour cette presse hypocrite de l'ordre moral qui exècre l'Exposition universelle autant que les bonapartistes, mais ne lui porte que des coups de Bazile.

* * *

Le *Pays*, lui au moins, nie le succès et danse cyniquement autour de ce qu'il prétend être un cadavre.

Les autres, au contraire, feignent de se réjouir des résultats écrasants qu'ils enregistrent ; mais, en dessous, et par tous les moyens possibles, ils déblatèrent contre l'Exposition, essayent de la discréditer, de l'amoindrir et surtout de lui enlever sa signification de grande manifestation démocratique.

* * *

L'un d'eux — le plus mal famé entre tous — ne publiait-il pas en tête de ses colonnes, il y a quelques semaines, un grand article plein de fiel contre l'Exposition républicaine de 1878, que l'auteur comparait, avec une mauvaise foi révoltante, à l'Exposition impériale de 1867.

En 1867, c'est le gros **26** qui parle, tout était merveilleux. Il y avait de la fraîcheur dans le palais, de l'ombre autour, les jardins étaient pleins de pavillons gais et voluptueux, les voies étaient bitumées comme il convient à un endroit dont un gouvernement qui se respecte doit, avant tout, faire un immense trottoir international.

En 1867, c'est toujours le *Figaro* qui le constate, les visiteurs de l'Exposition pouvaient aller rire, s'amuser,

manger, boire, et... le reste... un véritable paradis terrestre à la mode impériale.

o °o

En 1878, rien de tout cela : le Trocadéro est morne, le Champ-de-Mars est navrant, on s'y ennuie, on bâille, on grille, on cuit.

En voilà une Exposition de l'industrie où toutes les grues sont en fonte et où le veau n'existe qu'à l'état de conserve dans les boîtes du *Frigorifique*...

o °o

A-t-on idée d'une fête de l'intelligence où les catins ne

peuvent pas faire leurs affaires !... d'une fête du travail où le promenoir des Folies-Bergère n'est pas largement représenté !...

* * *

Le fait est que ces messieurs de l'ordre moral ont raison : l'Exposition de 1878 manque de femmes et de cafés concerts.

Et, ce qu'il y a de plus déplorable, c'est que le goût public paraît avoir été assez corrompu par cette gueuse de République, pour que le nombre des visiteurs ait plus que doublé depuis que l'Exposition universelle n'est plus exclusivement une succursale de Bullier.

Où allons-nous !...

* * *

Quoi qu'il en soit, il nous a paru utile de consigner ici,

à titre de souvenirs, les différentes attitudes prises par la presse à l'égard de notre Exposition.

Et, nous le répétons, nous mettons au premier rang des journaux honteux à la face desquels la France régénérée doit cracher tout ce qu'elle a de haine et de mépris, non les feuilles bonapartistes qui ont grossièrement, mais franchement, vidé leur répertoire des halles sur l'Exposition universelle, mais bien ces journaux de tolérance dont la malveillance, quoique sournoisement dissimulée derrière ses persiennes closes, n'en a été que plus écœurante.

AVIS UTILE

**Pour les visiteurs osseux qui se rendent au
Champ-de-Mars
par le chemin de fer de Ceinture**

Au nombre des moyens commodes de communication
entre l'intérieur de Paris et le palais du Champ-de-Mars,
il convient de placer en première ligne les trains du chemin de fer de l'Ouest.

Cette compagnie transporte journellement à elle seule
un bon tiers des visiteurs de l'Exposition.

C'est une raison de plus pour que nous mettions ces
voyageurs en garde contre un léger inconvénient de ce
moyen de transport.

Depuis quelque temps la compagnie de l'Ouest a adopté
à ses trains de ceinture un système de frein à arrêt instan-

tané qui enfonce non-seulement tous les autres systèmes, mais encore les nez des voyageurs.

° ° °

Votre train file à toute vitesse, vous ne vous attendez à rien!... Crac!... il reste sur place et vous vous trouvez la tête prise dans le journal que lisait votre vis-à-vis.

Si vous n'avez pas de vis-à-vis, c'est la cloison de bois qui le remplace.

Voici, dans ce dernier cas, l'effet produit.

Un intelligent industriel, et en même temps un philanthrope dévoué, a bien voulu s'occuper de cette question.

Il a imaginé et fabriqué spécialement pour les abonnés du *Trocadéroscope* un charmant tampon de poche qui est très-portatif et que les voyageurs peuvent s'appliquer sur le front, au moyen d'une courroie; en montant en wagon.

o o o

Ce tampon est monté sur un ressort à boudin très-moelleux, mais très-résistant, qui amortit complétement le choc.

Voici comment ça se passe :

De cette façon, plus d'accidents à craindre.

Arrivé à destination, le voyageur replie son tampon, le met dans son gousset.

Et cela peut encore servir à asseoir sur leur derrière les pick-pockets qui, en voulant vous prendre votre montre, font jouer le ressort du piston.

UN NOUVEAU BOCK

On sait que depuis déjà longtemps les limonadiers parisiens étaient à la recherche de la *canette inépuisable*, c'est-
à-dire d'une canette de laquelle ils puissent tirer, sans la
vider, quinze ou seize bocks de bière au moins.

Des progrès très-rapides avaient été faits en ce sens, et
déjà une foule de verres de modèles fort ingénieux avaient
donné d'excellents résultats.

Mais c'est à l'Exposition que nous avons vu le véritable
modèle du genre.

Dans un établissement que nous ne nommerons pas, par
pudeur patriotique, nous avons relevé le dessin en coupe
et élévation des verres servis aux consommateurs.

Le voici :

Daubray appelle ces bocks-là des *coquetiers qui font de l'embarras.*

Nous croyons qu'après ce système de récipient ne recevant rien, il reste peu de chose à faire pour les perfectionneurs.

Ou alors il faudra carrément servir la bière dans des chopes-thermomètres qui auront à peu près cet aspect :

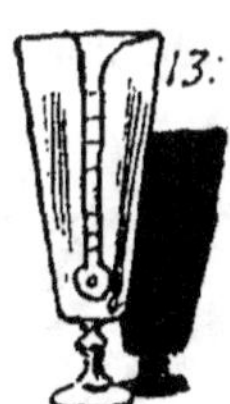

Ou, mieux encore, sur une bille de billard.

Ce qui est bien étonnant, c'est que Messieurs les cafetiers n'aient pas songé à employer, pour servir leurs bocks, ces verres truqués dont le liquide enfermé dans l'épaisseur des parois et du fond donne au moins l'illusion.

Ce serait encore plus économique.

L'EXPOSITION DE TABACS
du Canada

Pendant les fortes chaleurs, nous conseillons à nos lecteurs de l'Exposition, d'aller faire une petite séance dans les galeries de tabac du Canada, après avoir reniflé un peu de bonne eau de Cologne.

Tout le monde s'éternue dans la figure ; autant de passants que l'on coudoie, autant de pulvérisateurs parfumés.

Voici, d'ailleurs, l'effet que cela produit à peu près :

C'est très-rafraîchissant.

LA MACHINE A FAIRE LA GLACE

En fait d'appareils de ce genre, celui de MM. Duvallon et Lloyd, de Birmingham, est ce que nous avons vu de plus complet.

Leur machine, exposée dans l'annexe de l'agriculture, produit des blocs de glace énormes et assez solides pour pouvoir être employés au parquetage des maisons dans les pays où les habitants souffrent de la chaleur.

*   *   *

On peut mettre des tapis par dessus ; et cela répand sous les pieds une agréable fraîcheur.

*   *   *

Outre que le prix de revient est absolument insignifiant, puisque cet appareil donne de la glace à 15 francs les 1,000 kilos, ces blocs, d'une dimension phénoménale, ont encore un grand avantage.

On peut, avant de les congeler, mettre sa belle-mère endormie dans le fond du récipient plein d'eau bien filtrée.

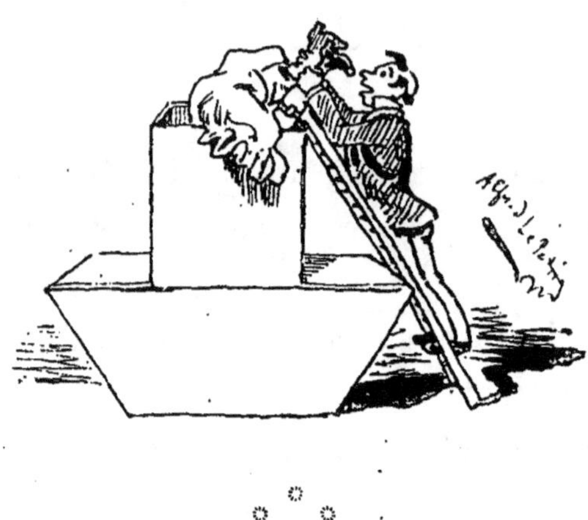

Et quand c'est pris sur une épaisseur de quinze pouces, on conserve l'image vénérée du crampon de son existence.

Lorsque la belle-mère se réveille, il est possible qu'elle ait un rhume de cerveau ; mais comme elle est solidement fixée dans la glace, elle ne peut pas éternuer.

On met alors le bloc dans l'endroit le plus frais de l'appartement, et tous les matins, on va lui faire la grimace.

C'est diablement plus complet, comme souvenirs de famille, que les presse-papier en cristal avec une photographie au fond.

LE ROULEUR

LES FAUTEUILS ROULANTS

Le visiteur qui entre au Champ-de-Mars, par la porte Rapp, peut voir, alignées devant lui, quelques centaines de jolies voitures grises gardées par autant de jolis voituriers gris aussi, — nous parlons, bien entendu, — de leur costume.

Ce sont les fauteuils roulants mis par M. Krantz, moyennant 2 fr. 50 l'heure, à la disposition des citoyens et citoyennes dont les jambes fatiguées peuvent refuser de faire ce féerique tour du monde en 580 minutes.

Les rouleurs, devant avoir le plus souvent affaire à des

promeneuses, ont été choisis. Ce sont, généralement, de beaux hommes, propres, aimables, trapus et râblés.

Ils doivent avoir un brin d'éloquence et une bonne mé-
moire, afin de pouvoir donner à leur client quelques reusei-
gnements bien sentis sur les différents objets devant
lesquels ils passent.

o   o

Il serait pourtant téméraire de prendre toujours à la
lettre les boniments de ce Guide-Conty animé qu'une dis-
traction peut, à de certains moments, lancer dans les
descriptions les plus fantaisistes.

L'énorme quantité de prospectus qu'il a dû apprendre
par cœur lui fait quelquefois confondre entre elles les
choses les plus différentes.

o   o

Alors, le visiteur, qui s'est trop fié à son guide, court le
risque de rapporter chez lui les données les plus extrava-
gantes sur les produits de l'art et de l'industrie cosmopo-
lites.

o   o

A preuve la description suivante, que nous avons sténo-
graphiée au vol, ces jours derniers, dans une des galeries
du Champ-de-Mars :

« Ceci, Madame, est une machine suédoise à ourler les
« oreilles des personnes atteintes d'*absurdité*. Elle peut
« tirer vingt-cinq mille numéros à l'heure, et elle joue tous

« les jours de deux à quatre heures tous les airs connus sur
« ses quarante-deux cloches, au moyen d'un clavier qui
« permet d'enfiler les aiguilles à tâtons. Ce curieux
« mécan-isthme de Suez a été percé sous la direction de
« M. de Les-ceps qui sont atteints de l'oïdium peuvent
« être guéris en moins de trois se-mènent aisément, avec
« deux chevaux ordi-nerfs de bœuf travaillés tout d'une
« pièce par les ouvriers de l'Amérique du Sud-ation
« abondante, obtenue très-rapidement, par les appareils
« d'appartement du doct-heures de tous les pays indiquées
« par le cadran univer-selles pour amazones inven-thé
« pur de... quand on veut obtenir de la glace, on n'a qu'à
« tourner la mani-vélocipède anti-hémorrhoï-dalles artis ·
« tiques pour salles. Debain fabricant de pianos... »

Appelé par notre travail dans une autre section, nous avons été obligé de renoncer à sténographier la fin de ce discours.

Mais l'échantillon suffit à mettre en garde nos lectrices contre ce genre de renseignements dangereux.

Le rouleur, nous l'avons dit, est excessivement poli et complaisant. C'est un ange de douceur et d'obligeance.

Son seul côté humain, à part le cervelas à l'ail, c'est

d'imaginer des trucs pour éviter de charger les trop grosses femmes.

Là, il se révèle sous des aspects tout à fait machiavéliques.

* * *

Nous en connaissons un qui a trouvé le comble de la rouerie.

Quand il est *libre*, il roule tranquillement son fauteuil dans les galeries, en quête d'un nouveau client, mais en ayant soin de scruter sournoisement tous les visiteurs qui viennent vers lui.

Il les cube de l'œil.

Si un *soixante kilos* a l'air de convoiter son véhicule, il le regarde d'un air engageant et se met avec empressement à sa disposition.

Si c'est un *quatre-vingts kilos*, il est moins encourageant ;
mais il ne se dérobe pas, et, à la rigueur, il charge.

Si c'est un *cent kilos*, il essaye de s'esquiver en se jetant,
fauteuils et biens, dans une galerie peu fréquentée. Rejoint
et pris de force, il ne fait pourtant pas de résistance et
prend le colis ; seulement, il maudit intérieurement le
sort.

Mais à partir de *cent quinze kilos*, inclusivement, il lâche
le grand jeu.

C'est là qu'il devient sublime d'audace et de sang-froid.

Aussitôt que le *cent quinze kilos* arrive sur lui en lui
faisant signe, il s'arrête net.

Et se tournant vers l'intérieur de sa voiture vide, il dit
à haute voix, en indiquant de la main une vitrine quelconque :

« Ceci, madame Sarah Bernhardt, ets un appareil hongrois excessivement curieux... Les habitants du pays s'en servent pour museler leurs chiens et râper le sucre... Voici, à côté, un instrument également extraordinaire... au moyen duquel... »

Le *cent quinze kilos* s'arrête ébahi au moment de monter dans la voiture...

L'aplomb du rouleur ne se démentant pas, le *cent quinze kilos* hésite, regarde de nouveau dans le véhicule, ne voit personne... mais finalement s'éloigne en se disant :

« Je ne vois pas du tout mademoiselle Sarah Bernhardt ; mais enfin elle doit y être puisque ce brave homme lui parle. »

UNE HÉBÉ DU PAVILLON HOLLANDAIS

Avant l'ouverture de l'Exposition, on avait agité la question de savoir si le rouleur tirerait le fauteuil par devant, ou s'il le pousserait par derrière. C'est-à-dire si le roulé aurait le nez sur le derrière du rouleur ou la tête sous son nez.

Les uns disaient :

« Il est plus convenable que le rouleur soit devant, à cause du cervelas à l'ail. »

Les autres répondaient :

« Il vaut mieux qu'il soit derrière, à cause des gros soissons.

La commission s'est décidée pour le rouleur tirant, laissant à la conscience de ce dernier de ne pas en abuser.

Il eût été sage, à notre avis, de consulter préalablement les rouleurs, qui, mieux que personne, étaient à même de savoir de quel côté il leur était plus aisé de retenir leur respiration.

LE PAVILLON HOLLANDAIS

Nous engageons vivement nos lecteurs à ne pas manquer d'aller visiter, près de l'École militaire, le curieux
pavillon des liqueurs hollandaises que Gil-Perez a baptisé
de temple de Jus-bitter.

o o o

D'abord, ils pourront y déguster, à des tarifs que nous
nous permettrons de qualifier de patriotiques, par ce temps
d'écorchement cynique des débitants d'objets comestibles,
un certain curaçao sec, mais d'un prix moelleux, qui est
une véritable ambroisie.

o o o

Ensuite, ils seront absolument réjouis par l'ameublement et la décoration curieuse de ce pavillon.

On y est servi d'une façon fort gracieuse par de jolies
Hollandaises au long nez, à l'air aimable et au casque
doré également poli.

o o o

Nous donnons d'ailleurs le portrait en pied d'une de
ces Hébé charmantes dans son costume national.

Ne pas oublier de donner un coup d'œil aux carreaux de faïence qui ornent les murs.

Examiner aussi les chaises du cru dont l'interminable dossier fait rêver, et sur lesquelles un homme de six pieds fait à peu près l'effet que voici :

Nous ne pouvons renseigner nos lecteurs sur l'origine de cette forme de siéges.

Toutefois, on suppose que les Hollandais qui sont, on

le sait, très-propres et très-soigneux de leur intérieur, ont adopté ce modèle de chaises afin d'avoir toujours sous la main des échelles d'appartement pour enlever les toiles d'araignées.

Mais surtout, ne pas manquer de contempler sur les bahuts et sur les étagères du pavillon hollandais cette collection de bouteilles et de verres aux formes bizarres et qui devient une série de problèmes insondables pour l'observateur s'acharnant à leur donner une application à peu près logique.

Il y a, par exemple, celles-ci :

Qui probablement doivent servir aux femmes maigres à faire la contrebande aux octrois.

Puis ces autres, qui ont à peu près la forme d'un sablier :

Dont on se sert sans doute pour boire à même en les prenant par la taille.

Puis encore celles-ci :

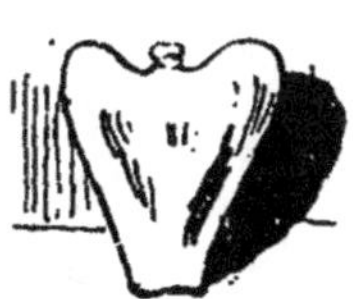

Qui ont si bien l'air de hausser les épaules que l'on regarde tout de suite autour de soi pour voir si Saint-Genest ne serait pas dans le pavillon.

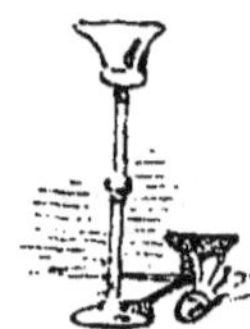

Jusqu'aux verres qui ont des physionomies étonnantes, notamment celui-ci que l'on a envie de prendre pour jouer au volant.

En somme, le pavillon hollandais est une des choses intéressantes du parc.

Seulement, si l'on y reste trop longtemps, on rêve généralement pendant les trois nuits qui suivent que l'on ne peut plus s'asseoir que sur des siéges extravagants,

Et que l'on ne peut se servir à table que de bouteilles fantastiques.

LE FAMEUX LIT CHINOIS

Il y en a plusieurs qui sont tous remarquables; mais entre autres : le *lit-lanterne* est étonnant.

Criblé de sculptures d'une richesse inouïe, ce lit est entouré d'un châssis orné de toiles finement peintes et qui sont toutes des chefs-d'œuvre.

Le seul inconvénient de ce meuble de luxe, c'est qu'il faut éviter d'y avoir des cauchemars.

Au moindre coup de pied que l'on allonge en rêve à son propriétaire, on en a pour ses 30,000 francs.

Le Gérant : CANUEL.

LES CISEAUX MICROSCOPIQUES

Dans l'exposition anglaise, on remarque, à la vitrine d'un fabricant de coutellerie, douze paires de ciseaux, admirablement conditionnées, et ne pesant à elles douze que le tiers d'un gramme.

Mlle Sarah Bernhardt, la charmante sociétaire du Théâtre-Français, en a acheté une paire pour se couper les ongles.

Ses amis redoutent pourtant encore un malheur.

LES MONNAIES CHINOISES

Bien plus malins que nous, les Chiuois ne font presque pas de monnaies rondes ; parce qu'ils ont remarqué qu'une de nos pièces de vingt sous, glissant des mains de son possesseur et tombant sur un trottoir, ferait plutôt 2 kilomètres en roulant, que de s'arrêter avant d'avoir trouvé une gargouille ou une bouche d'égout dans laquelle elle puisse disparaître.

Les monnaies chinoises sont donc très-variées de formes.

Il y en a d'ovales, de carrées, de triangulaires.

On en voit même qui ont l'aspect d'une cloche, d'un poisson, d'un peigne, etc., etc.

Mais c'est surtout à l'égard du poids et de la dimension de leurs monnaies, que les Chinois sont absolument pratiques.

Ils ont des pièces grandes comme des plats à gigot et qui pèsent un demi-kilogramme.

C'est excessivement commode.

Dernièrement, il est arrivé ceci à un sieur Ka-lhi-nô, de Pékin.

Il venait de recevoir en payement pour cinquante sous de ces pièces d'une livre. Ça l'embarrassait horriblement.

Il avise un commissionnaire :

« Combien me prendrez-vous pour me porter chez moi ces cinquante sous ?

— Deux francs cinquante, répond l'Auvergnat.

— C'est entendu, » reprend Ka-lhi-nô en lui mettant son fardeau sur l'épaule.

Et revenant sur ses pas :

« Au fait... gardez-les... ça fait que la course sera payée. »

L'HYDROTHÉRAPIE

Nous avons constaté avec plaisir que la construction des appareils hydrothérapiques est en grand progrès.

L'usage de l'eau froide, en effet, pénètre de plus en plus dans nos habitudes.

Et le temps n'est pas éloigné où ce pot-au-feu au gîte à la noix humain, qui s'appelle un bain chaud, sera complétement abandonné.

* * *

En attendant, les constructions d'appareils hydrothérapiques font des merveilles.

Nous avons vu, à l'Exposition, des *pluies* d'une vigueur étonnante, des *lances* articulées d'un radicalisme remarquable, et des *cercles* d'un moelleux au-dessus de tout éloge.

* * *

Mais M. Gaston Bozerian a dépassé tout cela avec son appareil à pédales.

En voici la description :

Dans le bassin traditionnel et connu de tout le monde, est installée la pompe refoulante qui doit faire grimper l'eau dans la pomme d'arrosoir du haut.

⁂

Cette pompe, qui exige ordinairement l'intervention d'une seconde personne pour la mettre en mouvement, l'inventeur a eu l'idée de la faire manœuvrer par le douché lui-même.

A cet effet, il y a adapté deux pédales sur chacune desquelles le douché pose un pied.

Si bien que celui-ci n'a qu'à se figurer qu'il est monté

sur un vélocipède, et à faire aller alternativement ses deux jambes pour s'envoyer de l'eau sur la tête.

o o o

Si nous ne nous sommes pas fait comprendre, le dessin ci-dessus complétera l'explication.

o o o

On comprend sans peine tout l'avantage de ce système. D'abord celui de n'avoir besoin de personne pour pomper.

Ensuite le double bien-être que l'on ressent d'une douche prise dans des conditions de mouvement que recommandent surtout les docteurs.

o o o

Seulement, il ne faut pas s'entêter, parce que les efforts que l'on fait pour monter l'eau froide vous donnant de plus en plus chaud, on ne peut espérer de rafraîchir qu'en se mettant en nage, ce qui constitue un cercle absolument vicieux.

Nous comptons donc — comme l'inventeur a dû compter lui-même — sur la sagesse des personnes qui se serviront de son instrument.

LES RESTAURANTS

à l'Exposition.

On s'attendait bien à ce que les débitants d'eau de vaisselle et de vieille pommade mayonnaise allaient, pendant les six mois d'Exposition, étendre leurs effroyables tentacules sur la proie qui leur était offerte.

Mais la vérité nous oblige à reconnaître que la férocité de ces honorables inquisiteurs de la sauce blanche a dépassé toutes les prévisions.

LE RESTAURATEUR

Nous avons tenu à visiter, l'un après l'autre, tous les restaurants du Champ-de-Mars et du Trocadéro.

Et nous n'hésitons pas à déclarer que pas un — nous disons : PAS UN — n'est praticable.

o º o

Depuis les plus modestes jusqu'aux plus genreux, les prix sont inabordables relativement.

Si l'on nous chargeait inopinément de classer par catégories les différents crimes contre la propriété, nous ne savons vraiment pas si nous aurions le courage de mettre les tarifs des restaurants de l'Exposition au dessous des attaques de diligences, tant ils sont cyniques.

o º o

Nous comprenons très-bien que les frais d'installation de ces établissements, — frais faits pour un temps limité, — doivent se traduire par une augmentation des prix.

C'est très-naturel, et nous aurions mauvaise grâce à trouver étonnant qu'une maison qui ne se bâtit que pour six mois essaye de rentrer dans ces déboursés exceptionnels en vendant plus cher que dans un local fixe.

o º o

Cependant il est une limite à tout.

Un petit pain d'un sou peut arriver, présenté dans telles ou telles circonstances, à valoir deux sous, trois sous, quatre sous... si vous voulez.

Mais, — sauf le cas de famine, — le vendre 6.000 francs pourrait quelquefois sembler abusif.

Eh bien, messieurs les restaurateurs du Champ-de-Mars en sont à peu près à cette proportion.

Et nous ne saurions trop engager les visiteurs à se passer, autant qu'ils le pourront, des bons offices de ces maisons, auxquelles il ne manque absolument que de l'ombre pour être comparables à autant de forêts de Bondy.

Nous ne nommerons, bien entendu, aucun de ces *assommoirs* où un seul Chateaubriand aux pommes coûte cinq fois plus cher que les œuvres complètes du même auteur.

Mais, pour donner une idée de la voracité des capitaines de ces bandes sédentaires, nous raconterons à nos lecteurs deux petites scènes, absolument historiques, dont nous avons été le témoin dans une des tavernes, — on peut même dire : cavernes, — les plus aristocratiques de l'endroit.

Il est onze heures.

Un consommateur pénètre dans cet antre et s'assied à une table.

Probablement, la coupe des favoris du monsieur révèle au garçon physionomiste que ce client n'a pas 5,000 francs sur lui, car il s'avance et d'un ton moins que poli :

« C'est très-cher ici, Monsieur..., à moins de 20 francs, vous ne pouvez compter déjeuner (*sic*). »

Insolence complétement gratuite, puisque la carte du jour portait, — ainsi que les règlements de l'Exposition l'exigent, — le prix de chaque plat.

Mettre cette carte sous les yeux du consommateur était tout ce que pouvait se permettre le garçon.

Mais il lui semblait sans doute préférable de dire au client d'une façon grossière, quoique détournée :

« Vous... vous n'avez pas une tête à manger des

homards de 16 francs... Nous ne recevons pas de pignoufs. »

o o o

Autre scène dans le même vide-gousset, à cinq minutes d'intervalle.

Une dame seule et à l'air très-respectable entre et s'installe à une table libre.

Le même garçon, du même air poli : « Il ne faut pas vous mettre là... Vous comprenez bien que je ne peux pas vous servir seule à une table de quatre personnes!... »

o o o

Ordinairement, n'est-ce pas? lorsque l'on entre dans un restaurant, on se met à son choix où il y a de la place.

Si d'autres consommateurs viennent et que la foule oblige à compléter votre table, il n'y a rien à dire.

Mais forcer une dame seule à aller s'incruster au milieu de cinq personnes étrangères quand il y a des tables inoccupées à revendre, c'est le comble de l'injustice et de l'ordre moral.

o o o

Seulement, comme le garçon de restaurant est très-physionomiste, ainsi que nous l'avons déjà dit, il mesure d'un rapide coup d'œil le pourboire qui entre..

Et il assassinerait un consommateur qu'il a évalué à cinq sous, plutôt que de lui laisser prendre la place d'un autre qu'il a jaugé à dix.

o o o

Nous le répétons, ce que nous venons de raconter est de la plus scrupuleuse exactitude. Il n'y manque que le nom de l'établissement; mais nous le désignerons assez au public en lui disant que cette maison était justement celle qui, à cause de l'enseigne qu'elle a choisie, eût dû avoir à cœur de donner aux étrangers une autre idée des procédés du commerce de notre pays.

o o o

Il nous sera beaucoup moins pénible, en terminant, de constater l'excellente idée qu'a eue un restaurateur plus intelligent, et surtout plus français, qui s'est établi en dehors de l'Exposition, à la porte de Grenelle, en maintenant les prix ordinaires de son établissement de l'intérieur de Paris.

o o o

Beaucoup de personnes peut-être hésitent à sortir du Champ-de-Mars pour aller déjeuner là, parce qu'il leur faudrait faire la dépense d'un nouveau ticket pour rentrer. C'est de leur part un calcul absolument défectueux.

o o o

Voici une double expérience faite par un de nos amis, elle est concluante :

Carte d'un déjeuner de deux personnes chez CATELAIN, dans l'Exposition.			Carte du même déjeuner chez FÉLIX, à la porte de Grenelle.		
	Fr.	c.		Fr.	c.
			Couvert	»	50
Couvert	1	»	Hors-d'œuvre	1	50
Hors-d'œuvre	4	»	Saumon	3	»
Saumon	8	»	Filet	5	»
Filet	10	»	Dessert	3	»
Dessert	8	»	Café	1	50
Café	3	»	A ajouter 2 tickets pour rentrer au palais . . .	2	»
Total . . .	34	»	Total . . .	16	50

A l'aide de ce document, il sera facile de constater qu'en reculant devant la dépense d'un ticket d'un franc pour aller déjeuner en dehors du Champ-de-Mars, on n'est pas beaucoup moins jocrisse que ce bonhomme qui s'était mis à l'abri de la pluie sous l'étroit auvent d'une boutique, et qui préférait se faire couvrir du haut en bas d'une boue épaisse par les éclaboussures des voitures rasant le trottoir, sous prétexte qu'en traversant la rue il mouillerait un peu son chapeau.

SEMOIR D'ENGRAIS

M. P. Meyère, ayant remarqué que les engrais semés à la pelle étaient toujours répandus d'une façon fort irrégulière, a imaginé un semoir mécanique qui les distribue avec une austère équité.

Désormais les haricots qui ne grossiront pas autant que leurs voisins n'auront plus à s'en prendre qu'à leur fainéantise, et ne pourront plus dire :

« Ce n'est pas de ma faute... je n'ai pas eu de guano. »

Le semoir de M. P. Meyère n'est pas seulement une invention agricole ; c'est un jalon posé dans le vaste champ des progrès de la question sociale.

De même que certains légumes poussent de travers et ne mûrissent pas parce que l'engrais mal semé a passé à côté d'eux, beaucoup d'hommes tournent mal et ne peuvent faire sortir ce qu'ils avaient dans le ventre parce que le semoir imparfait de la société ne les a jamais favorisés de l'engrais matériel et moral qu'il est pourtant chargé de répandre également sur tous.

❊

Puisse le nouvel appareil de M. P. Meyère, après avoir inondé d'une poudrette bienfaisante jusqu'au plus humble des navets déshérités, mettre la puce à l'oreille de nos législateurs et leur inspirer ces réformes fondamentales après lesquelles soupirent depuis tant de siècles les gueux devant le nez de qui passe toujours l'engrais.

❊

Et Dieu sait si elles sont nombreuses et intéressantes, ces graines humaines que le semoir social n'atteint jamais et qui germent comme elles peuvent, à la diable, desséchées, flétries et sans suc, pour disparaître bientôt, n'ayant pu être utiles à rien ou même étant devenues nuisibles parce qu'elles ont été délaissées au moment de leur première pousse.

o o o

Nombreuses familles n'ayant pour soutien que le travail d'un seul. Enfants affamés n'ayant ni instruction, ni guide, ni exemple, et devant venir tout droit au bagne comme l'eau dans la mare. Génies dans l'œuf que les hasards de la misère laissent casseurs de cailloux.

Est-ce que tout cela n'est pas comme autant de jeunes plants vigoureux et pleins de séve, marqués pour devenir superbes et auxquels n'a manqué que leur part légitime d'engrais!...

o o o

Mais n'attristons pas davantage les bourgeois bien nourris aux yeux de qui l'Exposition universelle a pour principal mérite d'ajourner pendant six mois toutes les réformes politiques; et revenons à notre semoir!

o o o

L'inventeur de ce semoir, dans sa passion pour la juste répartition de l'engrais, médite, nous a-t-on dit, de fabriquer des appareils portatifs pour les Parisiens qui, le dimanche, à la campagne, vont se dissimuler pendant quelques instants derrière les haies, meules de foin, buissons, troncs d'arbres, pans de murs, etc.

Il a semblé à M. Meyère qu'il était profondément injuste qu'un seule motte de terre profitât de cette aubaine supplémentaire.

Et il a imaginé un petit semoir que l'on s'attache aux reins avec une courroie au moment d'offrir son offrande à Pomone.

Un mouvement d'horlogerie, placé à l'intérieur du semoir, réduit... l'offrande en poudre et la projette régulièrement, à l'aide d'un petit cylindre tournant, sur un espace d'un mètre carré environ.

De cette façon, il n'est pas de si minime brin d'herbe qui n'ait son compte.

LES VOITURES A VOILES

Très-curieux à voir, ces nouveaux véhicules américains qui se font pousser par le vent et suppriment les chevaux. Voici le système :

Espérons que ce modèle s'acclimatera bientôt chez nous.

Quand il n'y aura pas assez de vent, les voyageurs ne demanderont pas mieux que d'y suppléer en soufflant eux-mêmes dans la voile par tous les moyens possibles.

Ils préféreront encore cela aux cochers.

Il faudra alors faire subir une légère variante à la rédaction des numéros de la Compagnie des petits canots à roulettes.

Et mettre :

« Prendre de préférence, en sortant du théâtre, une voiture au vent de son quartier.

LES ALBUMS A PIVOT

Nous avons remarqué avec plaisir que la mode des albums à pivot prend de grands développements.

Deux mots d'explication et quatre coups de crayon pour ceux de nos lecteurs qui ne connaissent pas cette charmante invention.

Il s'agit tout simplement de grands cadres vitrés montés à charnière sur un support vertical.

Dans ces cadres, on met tous les dessins grands et petits, et l'album, placé dans le milieu d'une pièce, peut être facilement feuilleté.

ALFRED LE PETIT phot

ALFRED LE PETIT phot

Alfred Le Petit phot

Alfred Le Petit phot.

PICK-POCKET

Nous n'avons pas besoin de faire ressortir les nombreux avantages de ce système qui permet d'exposer aux regards des curieux, dans un appartement, une foule de dessins et de tableaux qui ne trouveraient pas de place sur les murs.

o o o

Cependant nous ne croyons pas devoir passer sous silence une des ressources immenses qu'offre l'album à pivot, quand on a le soin de le choisir assez massif.

Peut-être l'inventeur lui-même n'a-t-il pas songé à une très-charmante manière de se servir de son album.

Il le regrettera quand nous la lui aurons expliquée.

o o o

Voici :

Vous prenez un album à pivot d'une très-vaste encolure et vous en bourrez de dessins et de photographies de choix tous les feuillets vitrés.

o o o

Vous invitez mielleusement votre belle-mère, ou la belle-mère d'un de vos amis, ce qui est plus noble encore, à venir contempler une charmante réduction de la *Séléné* de Machard.

Et au moment où elle met le nez dessus pour voir de plus près ce chef-d'œuvre, vous tournez négligemment, quoique avec une force de dix-huit chevaux autant que

possible, la feuille de l'album placée derrière votre belle
mère.

o o o

Si vous avez apporté à cette opération toute l'énergie
et toute la passion qu'un gendre bien constitué doit trouver
au fond de son âme dans un moment pareil, voici à peu
près l'effet que ça produit.

o o o

C'est suffisant pour une première fois.

LES PICK-POCKET

Conseils pour s'en préserver.

Il faut bien en convenir, le pick-pocket est un danger pour les visiteurs de l'Exposition.

Rien de plus difficile que de se garer du pick-pocket, qui généralement est un véritable artiste et sait se donner les apparences les plus honorables.

o   o   o

Jusqu'alors, et avec quelque expérience, le pick-pocket avait encore pu se flairer.

Il se donnait uniformément l'allure d'un gentleman.

Et l'excès même de sa bonne tenue éveillait le soupçon.

o   o   o

Aujourd'hui il a renoncé à ce genre et prend les aspects les plus variés.

Il s'habille, se grime admirablement, et dans une seule journée, visite le Champ-de-Mars en collégien, en facteur, en turco et même en nourrice.

o   o   o

Il est donc absolument inutile de chercher à deviner le pick-picket dans une foule.

Le pick-pocket est partout, et pendant que vous garan-
tissez votre chaîne de montre d'un gommeux suspect qui
ne pense pas à vous, une bonne d'enfant, rasée de très-près,
et de laquelle vous ne vous défiez nullement, vous enlève
votre porte-monnaie.

Nous ne pouvons que conseiller à nos lecteurs de laisser
chez eux tout ce qu'ils peuvent avoir de précieux, et de
n'emporter à l'Exposition que leurs obligations des *galions
de Vigo.*

A cet avis, le seul salutaire, et pour donner aux visiteurs
de l'Exposition une idée du génie de transformation des
pick-pocket, nous joignons le croquis des différents
aspects qu'a su prendre en une demi-journée un notable
filou de notre connaissance.

Notre collaborateur Alfred Le Petit, qui l'avait filé pendant trois heures, par amour de l'art, l'a portraicturé dans
tous ses déguisements.

Le plus fort, c'est que le pick-pocket lui a chipé sa montre pendant qu'il était en train de le croquer en faux provincial.

LES APPAREILS TARTRIVORES

Nous [recommandons spécialement à nos lecteurs ces appareils, qui détruisent le tartre et l'empêchent de se former dans toutes les chaudières possibles.

L'appareil pèse 520 kilos.

On en fait d'un peu plus légers pour les soins des dents, dont le tartre, on le sait, est le plus mortel ennemi.

Le Gérant : **CANUEL.**

LA VESTALE VÉROLIMNESTRA

LES PETITES DAMES

à l'Exposition.

Il est à remarquer — et les feuilles de joie le remar-
quent d'ailleurs avec assez d'amertume — que l'Exposition
universelle de 1878, toute grandiose qu'elle est, reste de
beaucoup inférieure à celle de 1867.... comme lupanar.

L'Empire était dans le vrai en parsemant les alentours
de son Exposition de nombreux waux-hall et d'abondants
bouibouis.

Il s'agissait pour lui de montrer aux étrangers ce qu'il
avait de mieux :

Il montrait ses filles.

Mais la République n'est pas moins dans le vrai en maintenant son Exposition industrielle et artistique sur un ton qui rappelle un peu moins la Reine Blanche, Mabille, Bullier et les caboulots du quartier Boul'mich.

Sans doute, Mabille et Bullier ont fait depuis une douzaine d'années d'aussi remarquables progrès que les usines Cail et Menier.

Sans doute, la cabouloterie s'est perfectionnée au moins autant que la fumisterie, la poterie, l'ébénisterie, etc., etc...

Et les étrangers peuvent désirer se rendre compte des transformations et des améliorations que nous avons apportées dans cette industrie comme dans toutes les autres.

Mais M. Krantz a pensé — et nous pensons comme lui — que les produits de Mabille, de Bullier et de la Reine Blanche seraient mal avoisinés dans un endroit exclusivement consacré à l'examen des choses tout à fait secondaires telles que : progrès agricoles, chefs-d'œuvre industriels, beaux-arts, etc., etc. ..

o o o

Il a pensé aussi que ces produits tout à fait spéciaux gagneraient à être visités sur place ; et voilà pourquoi, contrairement au système impérial, M. Krantz n'a pas réservé cinq sections sur six aux produits de la bicherie française et internationale.

o o o

Malgré cela, ces petites dames ne se sont point mises en grève.

Elles ont trop de patriotisme pour nous susciter des complications à l'extérieur en recevant froidement les étrangers qui nous rendent visite.

o o o

Et les mêmes vestales qui, pendant que l'on bombardait Paris en 1870, allaient, *extra muros*, entretenir le feu sacré des officiers allemands, sont encore là, Dieu merci ! pour faire aux étrangers — panachés cette fois — les honneurs de ce temple de Vénus d'invention moderne où l'amour, comme le gaz, se débite au compteur cupidométrique.

o   o   o

Nous avons cru devoir donner à nos lecteurs la physionomie d'une des prêtresses les plus distinguées de ce
temple de style opopanaxien pur.

Elle se nomme Vérolimnestra, et met sur les cartes de
visite qu'elle distribue en grand nombre depuis que le
Figaro lui a coupé les *Petites Annonces* au-dessus du genou :

« *Chez elle de midi à trois heures du matin. — On parle
toutes les langues.* »

LES MACHINES A COMPTER

M. Chambon est l'inventeur d'une série d'appareils d'instruction très-intéressants.

Ses petits compteurs mécaniques surtout sont faits pour attirer l'attention.

Il en a un, entre autres, qu'il a nommé le tachylemme, sans s'inquiéter si ça amuserait tout le monde de prononcer ce mot-là, et au moyen duquel on peut calculer à la minute les intérêts de toutes les sommes possibles jusqu'à un milliard, à n'importe quel taux et pour n'importe quel temps.

C'est prodigieux!

Ainsi, par exemple, nous avons posé au tachylemme Chambon le problème suivant :

« Quel est l'intérêt que porte à une jeune débutante de dix-sept ans un vieux banquier de soixante-seize ans plein d'écrouelles ? »

Et le tachylemme nous a fait une réponse étonnante d'exactitude.

Tous les instruments de calcul de M. Chambon ne sont pas, à vrai dire, de la même force.

Il nous présentait un multiplicateur soi-disant invincible.

Nous avons pris l'instrument dans notre main ; nous l'avons regardé bien en face entre les deux boutons de cuivre, et nous lui avons dit :

« Multipliez le nombre des cuirs que fait chaque jour avant de déjeuner l'ex-impératrice par celui des bêtises qu'imprime Saint-Genest en une semaine, et dites-nous le résultat. »

o o o

Le multiplicateur mécanique de. M. Chambon s'est agité pendant quelques secondes.

Il paraissait faire d'héroïques efforts.

Enfin, après une convulsion violente, il a pété dans nos mains.

M. Chambon nous a expliqué que cet instrument n'avait pas été construit pour des problèmes aussi énormes.

Il faut convenir, en effet, que nous avions un peu abusé.

LA FÊTE DU 30 JUIN

Après, toutefois, s'être soigneusement assurés, en compilant toutes les collections d'éphémérides, que le 30 juin n'était l'anniversaire d'aucun événement républicain, grand, moyen ou petit, les gens qui *administrent* (prenez le mot dans le sens que vous voudrez) notre pâle République ont bien voulu permettre que le peuple se réjouisse ce jour-là.

Un instant, on a tremblé que la fête ne fût contremandée.

Un employé était entré tout essoufflé au ministère en criant :

« Excellence!... il est encore temps... ajournez la fête ; je viens de découvrir dans un vieil almanach que le 30 juin est l'anniversaire de la mort d'un boule-dogue ayant appartenu à Marat!..

Et l'Excellence troublée est devenue pâle comme une morte.

« En effet, a-t-elle répondu en tremblant, si vraiment le 30 juin rappelle une date aussi républicaine, il faut à tout prix remettre la fête .. En notre qualité de fonctionnaires de la République, nous devons, avant tout, nous opposer à toute manifestation qui pourrait froisser les royalistes, les légitimistes ou les bonapartistes.

— C'est très-juste et très-profond, Excellence!.. a répondu l'employé. De tous temps, c'est connu, les Républiques n'ont été animées de mauvais vouloir qu'à l'égard des républicains. Aussi ce système leur a-t-il toujours réussi.

Bref, on allait contremander les bougies Jabloskoff du

30 juin comme concordant avec une date républicaine, quand heureusement on a reconnu qu'il y avait erreur dans le vieil almanach et que le chien mort le 30 juin 1794 appartenait non à Marat, mais à la concierge de Marat.

La fête du 30 juin a été splendide.

Les Parisiens, qui ont, quoi qu'on dise, beaucoup plus de bon sens que les ministres, essaient depuis sept ans de leur en faire faire de mauvais, ont souri de pitié à cette piètre taquinerie d'un gouvernement républicain se signant avec horreur à la seule pensée d'organiser une fête républicaine ; mais ils n'en ont pas moins tenu à ce que le 30 juin fût une merveille, comme l'avait été le 1er mai, jour de l'ouverture de l'Exposition.

Paris a donc brillamment pavoisé et illuminé, en faisant ses réserves :

« Fêtons toujours, s'est-il dit, le relèvement de la France et saluons les étrangers qui sont venus assister à ce premier réveil de notre pays, naguère meurtri, aujourd'hui en convalescence. — Un jour prochain viendra où les gens qui gouverneront la France ne rougiront pas d'attester bien haut que c'est à la République seule que nous devons d'être remis sur pied ; et ce jour-là on s'occupera réellement de trouver dans notre histoire, pour y placer la vraie fête nationale, une date qui signifie quelque chose, au lieu d'en choisir une qui ne rappelle rien.

o ° o

Voilà comment la fête du 30 juin a été éblouissante.

C'est que les républicains ont eu le caractère mieux fait que leurs adversaires.

Ceux-ci eussent certainement refusé de choquer le verre avec ceux-là le 14 juillet, parce que cette date rappelle la prise de la Bastille.

o ° o

Mais ceux-là ont jovialement fait raison à ceux-ci, même le 30 juin, en leur disant :

« Trinquons toujours..... tous les moments sont bons pour boire à la santé de la France. »

o ° o

Combien de monarchistes n'en diraient pas autant !..

Les journaux réactionnaires, le lendemain du 30 juin, se sont fait des gorges chaudes parce que l'on avait trop chanté la *Marseillaise* dans les rues.

Hurler : *Aux armes, citoyens!*... le jour de la fête de la paix, ont-ils dit en ricanant, c'est grotesque.

D'autres ont ajouté avec fiel : « Ça promet ! »

*
* *

Non, rieurs jaunes, non, ce n'est pas grotesque.

Non, jésuites badingueusards, non... ça ne promet rien, rien de ce que vous voulez dire.

*
* *

Sans doute : *Aux armes, citoyens!*... ne répond pas absolument au tic-tac de la galerie des machines du Champ-de-Mars.

Sans doute, le « sang impur » n'a pas de raison pour abreuver les sillons que les charrues se disputent en ce moment l'honneur de labourer.

o o o

Mais, comment empêcher que l'unique chant patriotique de la France monte aux lèvres des Français à toute occasion guerrière ou pacifique?

Et comment trouver mauvais que nous chantions la *Marseillaise* tant que nous n'aurons pas autre chose?

o o o

Et puis, je vous conseille de faire les bégueules.

En « partant pour la Syrie », on n'arrivait guère que jusqu'à Sédan.

Ne croyez-vous pas qu'on puisse aller bien plus loin que ça avec :

> « *Liberté, liberté chérie,*
> *Combats avec tes défenseurs !*

o o o

Oh! que si... vous le croyez.

Et c'est justement ce qui vous met d'aussi mauvaise humeur.

UN VRAI SCANDALE

Notre admiration pour l'œuvre de M. Krantz ne peut pas aller jusqu'à passer sous silence une chose absolument révoltante.

Il s'agit de ces établissements qui... de ces réduits que... Comment dire cela ?

Enfin de ces... *buen retiro* d'utilité publique où la même lunette sert pour toutes les vues.

Nous avons eu occasion de parler, dans un de nos précédents chapitres, des prix exorbitants des restaurants du Champ-de-Mars.

Eh bien, ces tarifs sont d'une douceur d'agneau comparés à ceux des... indispensables de M. Krantz.

Nous osons à peine le dire, tant nous en avons honte pour notre pays. L'entrée de ces... reposoirs est taxée à CINQ SOUS!...

◦ ◦ ◦

N'avons-nous pas raison de dire que c'est relativement plus cher qu'au restaurant Catelain ?

◦ ◦ ◦

Voyez un peu dans quelles proportions formidables cela augmente les frais de nourriture :

Un petit pain d'un sou, ci . . . . . .   0 20 centimes.

Pour s'en débarrasser trois heures après, ci. . . . .   0 25 centimes.

Total : le petit pain d'un sou : neuf sous.

◦ ◦ ◦

Plus fort encore !...

On a placé partout des urinoirs gratuits pour les hommes.

Mais pour les dames, c'est toujours cinq sous.

Chose bizarre : il y a dans le parc des fontaines Wallace où l'on peut se désaltérer pour rien ; mais une femme pauvre doit bien se garder d'y boire.

Car :

Un verre d'eau. . . . .   gratis.
Ses suites . . . .   25 centimes.

Il est inconcevable qu'un système dont l'injustice criante révolte déjà tout le monde dans l'organisation ordinaire des villes, ait pu être adopté — et même aggravé — à une Exposition universelle où chaque nation est conviée à montrer ce qu'elle a de mieux en fait d'institutions.

Depuis cinquante ans, l'opinion publique proteste contre cet usage cruel qui force les femmes à se pincer les lèvres pour ne pas rire aux larmes sur les trottoirs.

On pouvait espérer que l'Exposition serait une occasion d'inaugurer un système démocratique et émancipateur rendant tous les sexes égaux devant les besoins naturels.

Pas du tout!...

Non-seulement on conserve les anciens errements ; mais on augmente encore de quatre-vingts pour cent les droits de gabelle.

« Pourquoi appelez-vous ça les droits de gabelle? nous diront les abonnés de la *Patrie*.

— Parce que, leur répondrons-nous avec une douceur mêlée de pitié, parce que, bonnes gens, la gabelle c'est l'impôt sur les s.....

Au fait... après tout... qu'ils regardent dans leur dictionnaire ; nous ne sommes pas chargés de les décrasser.

Bref, une telle organisation des water-closets au Champ-de-Mars ne peut s'expliquer que d'une façon :

C'est que M. Krantz, soucieux avant tout de la variété de son Exposition, a voulu qu'à côté des produits de la civilisation la plus raffinée, figure un des échantillons de la barbarie la plus atroce.

A ce point de vue, il a parfaitement réussi.

Et si l'on attribue une médaille d'honneur au groupe des supplices, nous ne voyons pas trop quelle nation pourrait la disputer à la France, qui a poussé l'amour des contributions indirectes jusqu'à frapper les objets de consommation, non-seulement d'un droit d'entrée énorme, mais encore d'un droit de sortie scandaleux.

o^o o

Après avoir conseillé à nos lecteurs de ne prendre — autant que possible — aucune purgation le jour où ils doivent aller à l'Exposition, nous n'ajouterons plus qu'un mot :

Est-il vrai, — comme le bruit en a couru dans quelques cercles généralement bien informés, — que plusieurs restaurateurs et limonadiers du Champ-de-Mars et du Trocadéro, touchent chaque soir un *tant pour cent* sur les recettes des pique-nique en question, à la condition de saupoudrer de magnésie les plats qu'ils servent à leurs clients et de faire infuser des queues de cerises dans les boissons que ceux-ci absorbent?

Si c'est vrai, c'est infâme.

Nous nous complaisons à attendre un communiqué énergique du ministère de l'intérieur.

LE FERME-PORTES INVISIBLE

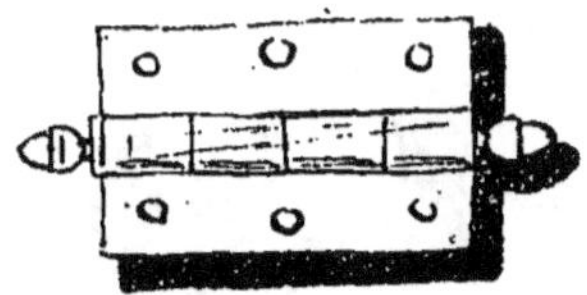

Si nous faisions partie du jury des récompenses, nous médaillerions énergiquement l'inventeur du ferme-portes, M. Godefroy Stierlin, de Schaffouse, car ce citoyen est à nos yeux mieux qu'un fabricant de vulgaires ressorts à boudin : c'est un bienfaiteur de l'humanité.

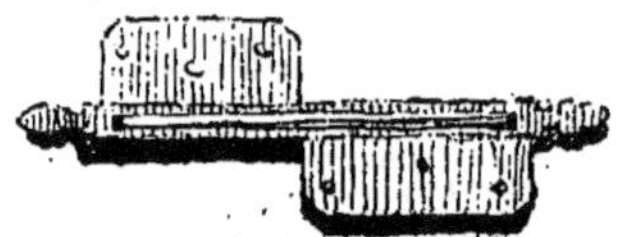

Au nombre des fléaux dont cette humanité souffre, on peut hardiment mettre en première ligne, tout de suite après les gens qui placent des billets de concerts de bienfaisance à 20 francs ou qui s'occupent de faire des mariages, ceux qui laissent toujours leurs portes ouvertes.

Nous ne connaissons, pour notre compte, rien de plus agaçant que ces gêneurs terribles qui laissent béantes autant de portes qu'ils en ouvrent et transforment l'appartement le mieux tenu en une sorte de halle ouverte à tous les vents.

o o o

Avec le ferme-portes Stierlin que nous avons remarqué dans une des galeries du Champ-de-Mars, les gens d'ordre, — qui sont généralement irritables, — n'auront plus à souffrir de cette négligence de certains êtres malfaisants que l'on devrait envoyer vivre avec les bêtes.

o o o

Le beau de cette invention, c'est que le ferme-portes ne se voit pas, le ressort étant placé dans les charnières mêmes.

o o o

Nous avions bien jusqu'ici des ferme-portes de différents modèles; mais tous avaient l'inconvénient d'être disgracieux.

Notamment le ferme-portes primitif, qui consiste à attacher au panneau une corde passant dans une poulie et au bout de laquelle est suspendu un poids de 5 kilos.

o o o

Au milieu d'un ameublement élégant c'est très-laid, et
de plus on a vite reconnu l'abus qu'en faisaient certains

locataires pour s'en servir à assommer leur propriétaire qui
venait réclamer leur terme.

o o o

Ajoutez, en dehors de cela, que ça vous donne l'air
d'un marchand de colle pour raccommoder la faïence.

o o o

Nous complimentons donc particulièrement M. Stierlin
et — si ce n'est pas être indiscret — nous lui demande-
rons de faire construire sur le même modèle des petites
charnières automotrices (comme il dit) destinées à être
fixées au coin des lèvres des gâteux qui, ayant toujours la

bouche toute grande ouverte, ont si bien l'air d'abonnés de la *Patrie* cherchant à comprendre un calembour du *Tinta-marre.*

Comme cela, ce sera tout à fait complet.

QUE L'ON SE RASSURE

Au début de l'Exposition , un industriel avait placé dans sa vitrine un flacon de picrate de potasse.

Il y avait juste de quoi mettre en une seconde le palais du Champ-de-Mars en marmelade.

Qu'un visiteur, de Trépigny-les-Oies, glissant sur une écorce d'orange, ait enfoncé la vitrine avec son coude ;

Que le bocal soit tombé ;

Et que le visiteur ait piétiné sur le picrate avec ses sou-liers à clous :

C'en était fait de l'Exposition.

Et le *Pays* eût « dansé autour du cadavre », selon sa noble expression d'il y a un an, à propos de M. Thiers.

Le fait ayant été publié par plusieurs journaux et beaucoup de gens pouvant croire que ce flacon existe encore, nous croyons devoir informer le public qu'il a été enlevé, il y a déjà pas mal de temps, par ordre de M. le Préfet de police.

Nos lecteurs peuvent donc aller sans crainte visiter l'Exposition.

Ils n'ont plus aucune raison pour offrir un ticket à leur belle-mère, afin qu'elle y aille toute seule.

Ce serait une dépense absolument inutile.

LE PIANO A DOUBLE CLAVIER

Auraient-ils donc raison les gens qui prétendent que l'excès de la civilisation ramène directement à la barbarie?...

M. J. Lacape justifie presque cette théorie.

Nous avions déjà, au nombre des instruments de supplice, le piano à un seul clavier.

C'était suffisant pour faire devenir enragés tous les habitants d'une maison de six étages.

M. Lacape invente un piano à deux claviers.

Que lui avons-nous donc fait?

A quand la guillotine à deux coups?

L'inventeur donne pour excuse que son second clavier de piano ne joue pas du piano, mais bien de la mandoline.

Est-ce bien une excuse?

Et doit-on accepter comme circonstance atténuante un rigollot qui vous brûle mis par-dessus un sinapisme qui vous cuit?

Nos lecteurs jugeront.

Quant à nous, la seule chose qui puisse nous consoler des pianos à deux claviers, c'est qu'ils conduiront fatalement à en inventer d'autres à quatre, cinq et six claviers également superposés, et que les pianistes qui s'en serviront auront l'air ridicule quand ils joueront d'une main sur le clavier supérieur.

Tout le monde, dans le salon, croira qu'ils demandent la permission d'aller aux cabinets.

Et on leur répondra :

« Oui... mais ne soyez pas longtemps. »

LA LIMONADE ESPAGNOLE

Nous recommandons à nos lecteurs d'aller prendre une limonade glacée au café espagnol qui se trouve au Trocadéro, à gauche en entrant par le pont d'Iéna.

Cette consommation est exquise.

Elle se compose de jus d'orange et de citron, de sucre et de glace pilée qui font bien l'amalgame le mieux réussi.

De plus, elle se boit doucement et voluptueusement avec des chalumeaux de paille que l'on vous sert en même temps.

Il nous reste maintenant à donner un renseignement essentiel.

Cette limonade espagnole coûte un franc.

Ce serait un peu cher, si nous n'avions découvert le moyen de la boire à bien meilleur compte.

Vous entrez d'un air nonchalant sous la tente du café espagnol, et vous vous dandinez à travers les tables en ayant l'air de chercher une place à votre convenance.

Quand vous voyez trois ou quatre consommateurs en train de boire des limonades espagnoles, vous vous placez derrière eux.

Et profitant du moment où ils regardent du côté de la cascade pour voir un monsieur qui vient de laisser tomber son chapeau dans le bassin, vous plongez dans les limonades ennemies le bout d'une sarbacane qui ne vous quitte jamais.

Et vous sifflez les quatre limonades en un clin d'œil.

Après quoi, vous vous retirez discrètement et allez opérer sur un autre groupe.

Il est plus convenable, après avoir bu, de remplir immédiatement les verres avec de la salive.

Mais enfin, on ne peut pas toujours faire ce que l'on voudrait.

Le Gérant : CANUEL.

L'ENFILE-AIGUILLE

C'est dans la section allemande que se trouve ce curieux outil, dont voici l'aspect :

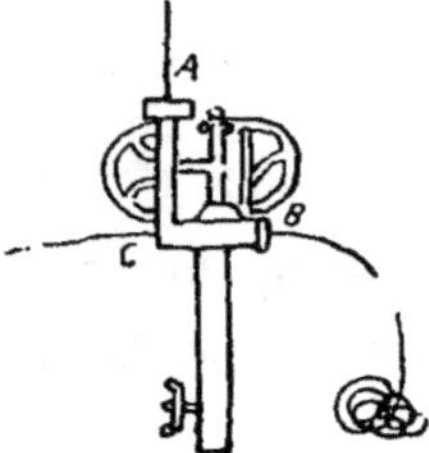

On place l'aiguille, la tête en bas, dans le tube vertical A, on introduit le bout de fil dans le tube horizontal B, sans avoir l'air d'y prêter la moindre attention.

Et il ressort par le bout C, après avoir traversé, comme un mauvais sujet, le chas de l'aiguille.

On retire alors du tube A l'aiguille, qui se trouve toute enfilée.

Et l'on s'écrie d'un air bête :

« Oh!.. c'est surprenant!.. »

Ce petit ustensile, qui n'a l'air de rien et ne fait aucun embarras, n'en est pas moins fort ingénieux.

Mlle Sarah Bernhardt, du Théâtre Français, en a acheté une demi-douzaine, pour mettre ses bagues le matin.

LE

COLLECTIONNEUR DE PROSPECTUS

Un petit type assez gentil du Champ-de-Mars, c'est le monsieur qui ne passe pas devant une vitrine sans prendre tous les prospectus, prix courants, adresses, etc..., que l'on y distribue.

Quand il y a un distributeur, il ne prend que l'imprimé qu'on lui offre.

Mais aux endroits où les prospectus sont déposés en tas à la disposition du public, il s'en paye une douzaine.

Il n'a pas fait quinze pas dans les galeries qu'il a les poches et les mains bourrées de papier.

Une bonne charge à lui faire, c'est de l'aborder d'un air obligeant et de lui dire :

« Cher Monsieur,... comme vous devez souffrir!... c'est
là... à gauche en sortant par la galerie des machines... Il y
a des rideaux gris à la porte... et au-dessus : *Vingt-cinq
centimes.* »

LA RENOMMÉE DE M. MERCIÉ

Les visiteurs du Champ-de-Mars aperçoivent bien, sur le haut de la coupole du palais du Trocadéro, une petite chose, toute petite, toute petite, qui dépasse.

Mais ils ne peuvent pas distinguer ce que c'est.

* * *

C'est la statue de la *Renommée*, qui a été exécutée dans des proportions si ridicules qu'elle fait l'effet, là haut, d'une mouche sur le couvercle d'une soupière.

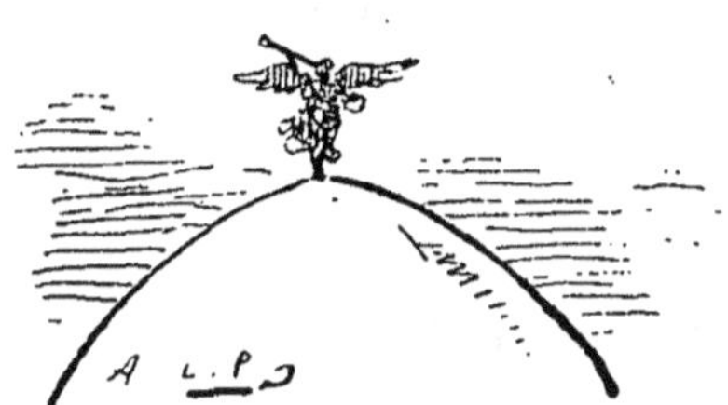

LE ROBINET-INDICATEUR

Nous avons remarqué, dans la galerie des machines françaises, un robinet excessivement curieux.

Il marque, à l'extérieur, et d'une façon très-visible, ce qui reste de liquide dans le tonneau.

Voici le modèle :

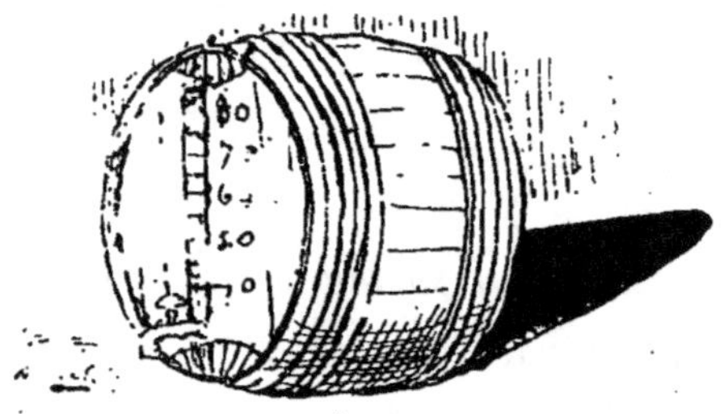

Le tube en verre qui correspond au tuyau du robinet indique comme un thermomètre la quantité que l'on a prise et celle qui reste.

Ou sait combien il était assommant, quand l'on avait mis une pièce en perce, de l'ausculter tous les jours avec son doigt pour savoir où elle en était.

Sans compter que cela exigeait une certaine expérience, et que le plus souvent on se trompait d'une cinquantaine de litres.

Avec le robinet indicateur, cet inconvénient disparaît.

De plus, c'est excessivement commode pour les domestiques qui chipent le vin de leurs maîtres à la cave.

o o o

Il arrivait souvent que, n'ayant rien pour les guider, ces serviteurs remettaient dans le tonneau beaucoup plus d'eau qu'ils n'avaient pris de vin.

Désormais renseignés exactement par le robinet indicateur, ils ne *mouilleront* plus que juste ce qu'il faut.

o o o

Les maîtres boiront donc leur vin meilleur que par le passé.

Et les domestiques n'auront plus leurs nuits troublées par le remords et l'incertitude.

Il faut espérer que cette belle découverte recevra bientôt des applications plus étendues.

Ainsi, on entend dire, à chaque instant, en parlant d'un homme de lettres :

« Un tel se vide !... »

C'est très-bien... mais dans quelles proportions se vide-t-il?

Avec le robinet indicateur placé dans le crâne comme ceci :

On saura tout de suite où en est la cervelle du sujet.

* * *

Cela évitera, par exemple, au directeur du journal *l'Evénement* et à celui du *Figaro*, le désagrément d'engager à l'aveuglette, comme chroniqueurs solos, des rédacteurs absolument fourbus, et d'être forcés de dire au bout de huit jours :

« Sapristi !.. j'ai fait une fichue affaire... Il n'y a plus rien dedans!... »

Quand un journaliste se présentera à lui, le rédacteur en chef n'aura qu'à lui dire :

« C'est bon, c'est bon... pas tant de phrases... ouvrez votre robinet!.. »

Et quand il n'y aura plus que de la lie desséchée, il le verra tout de suite.

Si le robinet indicateur avait été inventé, il y a long-temps que nous serions délivrés de la prose d'Alphonse Karr.

Enfin, il est encore temps.

UN ORPHÉONISTE

LES CONCOURS D'ORPHÉONS

Pendant une dizaine de jours — du 7 au 16 juillet, — Paris a été littéralement envahi par un flot d'instrumentistes venant des quatre coins de la France.

C'était le grand Concours d'orphéons, qui n'a pas réuni moins de 230 Sociétés départementales.

A chaque coin de rue, on se heurtait dans la Fanfare de Troufigny-les-Bugles ou l'Union philharmonique de Dardouillac-les-Sax-trombines.

Rien de plus émouvant et surtout de plus réconfortant

que ces défilés de jeunes gens de belle humeur nous apportant de la province, — avec laquelle les ordremoraliens essayent depuis huit ans de nous brouiller, — cet élan de fraternité que la *Patrie* et la *Défense* auront désormais beaucoup de peine à faire oublier.

o o o

Rien de plus pittoresque aussi que ces ondulations d'instruments de cuivre soigneusement astiqués et de formes bizarres.

Il y en avait de si étranges et de si effrayants que plusieurs chiens se sont mis à hurler en les voyant passer et sont devenus enragés.

Comme témoignage de reconnaissance envers les Sociétés orphéoniques qui ont fait pendant huit jours de Paris un océan d'harmonie, nous consacrons à l'un de leurs membres, faisant partie de la fanfare de Trompigny-les-Bassons, une des pages du *Trocadéroscope*.

o o o

Cet orphéoniste de luxe a été croqué dans l'exercice de ses fonctions, par notre collaborateur Alfred Le Petit, pendant la distribution des récompenses.

. o ° o .

L'artiste a même eu assez de mal à l'attraper, l'instrument et l'exécutant étant tellement amalgamés l'un dans l'autre, qu'il lui a fallu au moins trois quarts d'heure rien que pour débrouiller lequel des deux jouait de l'autre.

LA CANONNIÈRE DE LA PAIX

L'épouvantable catastrophe de la rue Béranger, causée, on le sait, par l'explosion d'une quantité de fulminate à fabriquer les amorces pour pistolets d'enfants, a tué net ce jouet.

Saisissant la balle au bond avec un rare à-propos, un industriel a imaginé et exposé, dans la galerie du travail, un petit engin bruyant et inoffensif qu'il a baptisé la Canonnière de la paix, qui est vraiment la sécurité des enfants sans cesser d'être l'embêtement des parents.

Cette petite canonnière, charmante de forme, voyez plutôt :

se charge avec le premier bout de papier venu, voire même un pain à cacheter, une feuille d'arbre, n'importe quoi de mince et de lisse.

On applique ce petit morceau de papier sur l'orifice de la canonnière ; on l'enferme au moyen du ressort extérieur, on pousse, et v'lan... la feuille, en crevant, fait un bruit très-présentable.

Si on plie le papier en quatre ou six, on obtient une détonation aussi forte que celle d'une capsule.

C'est très-ingénieux et de tout repos.

Mais cela ouvre des horizons inquiétants sur le bruit relativement énorme que peut produire un simple bout de papier brusquement crevé par un petit courant d'air.

On frémit au danger que pourrait courir, dans un salon, un homme bien élevé qui, s'étant assis pour changer de

pantalon juste sur le côté gommé d'un timbre-poste, se croirait sûr de laisser sans esclandre filer un soupir sur une chaise cannée.

Avis aux gens susceptibles de cette lâcheté.

Ils savent maintenant, par la *Canonnière de la paix*, que le papier tendu ne garde pas les secrets qu'on lui confie.

LA BOITE SENSITIVE

C'est une charmante boîte à bonbons qu'a accaparée Siraudin, et qui est bien la chose la plus coquette et la plus parisienne que l'on puisse imaginer.

Posée à plat sur une table, elle est fermée comme cela :

Une main la prend et la soulève, elle s'ouvre toute seule ainsi :

On la pose, elle se referme ; — c'est tout ce qu'il y a de plus commode et de plus gracieux, on le voit, pour offrir des bonbons.

La merveilleuse vertu hospitalière de cette boîte avait inspiré, un instant, à l'inventeur l'idée de lui donner le nom de boîte Schneider.

Mais il y a renoncé, dans la crainte d'être désobligeant pour mesdemoiselles A. B. C. D. et autres qui auraient pu se froisser de n'avoir point été choisies pour marraines.

LES
ALOÈS DE LA SECTION ESPAGNOLE

Les Espagnols ont exposé de très-beaux aloès.

De plus, ils ont eu l'attention délicate de les placer de façon à ce que les piquants des feuilles arrivent juste à la hauteur de l'œil des visiteurs.

Nous recommandons à nos vaillants volontaires d'un an, ainsi qu'à nos réservistes, — ainsi même qu'à nos territoriaux, — d'aller le plus souvent possible se promener au milieu des aloès espagnols.

D'abord au pas ;
Ensuite au pas gymnastique ;
Puis en courant.

C'est un exercice excellent pour se préparer à traverser de doubles haies de baïonnettes.

Quant aux visiteurs qui sont libérés du service, la section espagnole pourrait leur faire la gracieuseté de leur réserver spécialement deux heures par jour.

Pendant ces deux heures, elle ferait piquer toutes ses pointes d'aloès dans des bouchons, comme ça :

Ce ne serait pas plus laid.

Ce serait beaucoup moins dangereux.

Et par-dessus le marché, on pourrait encore s'amuser à faire accroire aux abonnés du *Constitutionnel* que c'est l'aloès qui produit les bouchons de liége.

Notre devoir est d'essayer d'éviter à nos lecteurs un déboire d'une grande amertume qui les attendrait au Champ-de-Mars s'ils n'étaient prévenus.

BLINDAGES ET BOULETS

Le visiteur qui parcourt la section anglaise, en dehors du Palais, est raccroché par d'épaisses plaques en acier, ayant toutes au milieu un énorme trou.

Trou effroyable et béant, mais qui pourtant n'a pas traversé la plaque de part en part.

Voici à peu près l'effet que cela fait :

Ce sont les blindages Wilson.

Chacune de ces plaques est ornée d'un écriteau rédigé en ces termes ou l'équivalent :

> **Cette plaque, épaisse de 0^m,255, a reçu, sans être traversée, un boulet de 27 kilog. 825.**

Le visiteur qui voit cela s'éloigne, le cœur léger, en se disant :

« Ah ! enfin, du moment que l'on fait maintenant des blindages de 0ᵐ,255, qui ne sont pas troués par des boulets de 27 kilogr. 825, les boucheries navales deviennent impossibles !... Je puis aller, l'âme sereine, prendre un koumis au Kiosque russe.

Erreur !... Illusion !...

Le visiteur n'a pas plutôt fait soixante pas dans l'Exposition que son œil est attiré vers un tas de petites machines qui ont à peu près ces formes :

Il s'arrête et voit que chacun de ces petits outils est surmonté d'un écriteau conçu en ces termes, — ou équivalent toujours :

Ce boulet, du poids de 29 kilog. 775, a percé de part en part un blindage d'acier d'une épaisseur de 0ᵐ,375.

Pour peu qu'il persiste, le visiteur retrouvera bien un peu plus loin des blindages de 15 pouces qui auront résisté à des boulets de 74.

Mais alors ce sera pour retomber, quinze pas plus loin, sur des boulets de 88 qui ont troué des blindages de 22 pouces.

Et ainsi de suite.

Si bien que le visiteur s'en ira finalement, la mort dans l'âme, en se demandant à quels blindages et à quels boulets s'arrêtera l'humanité, puisqu'un blindage qui résiste à un boulet finit toujours par être troué par un autre boulet, et qu'un boulet qui troue un blindage rencontre le lendemain un autre blindage qu'il ne peut pas trouer.

Cercle vicieux, s'il en fut, et qui fait trouver bien grotesque l'homme qui rit des chiens courant après leur queue.

LES GAVEUSES MÉCANIQUES

Dans l'annexe des instruments agricoles, le Jardin d'acclimatation a exposé un grand nombre de modèles de gaveuses pour la volaille.

Presque tous les systèmes nous ont paru très-intéressants.

Il y a la gaveuse à soufflet.

On emplit le soufflet de grain, on met le bout du soufflet dans le bec du poulet, et on soüffle.

Il y a la gaveuse à pompe, qui est plus puissante.

Il y a la gaveuse à clavier, qui permet de gaver plusieurs bêtes à la fois.

Mais, à notre avis, rien ne vaut la gaveuse naturelle, c'est-à-dire la gaveuse à la bouche.

C'est beaucoup plus simple et plus patriarcal.

Le gaveur met dans sa bouche la plus grande quantité possible de pâtée,

Et l'insuffle de force dans le gaviot du poulet, comme ceci :

Bien qu'excellent, ce système a pourtant ses inconvénients quand on le pratique sur des animaux un peu trop forts.

Témoin le fait suivant, qui s'est produit l'année dernière dans une des fermes les plus importantes de la Brie.

Le fermier voulait faire engraisser une nouvelle espèce de canards superbes et énormes qu'il avait reçus depuis peu.

Il pénètre un matin dans la basse-cour, se gonfle les joues d'une pâtée épaisse, attrape un canard et commence l'opération du gavage.

Une fois, deux fois, trois fois... Tout se passe bien. Le canard s'arrondissait.

Mais, à la quatrième, il donne des signes d'impatience, il en avait assez.

o o o

Le gaveur veut insister, il pousse, la pâtée entre ; le canard est sur le point d'éclater.

o o o

Furieux, il fait un violent effort et refoule dans l'estomac du gaveur tout le mastic que celui-ci y avait introduit depuis une demi heure.

Le gaveur, — doué d'une forte constitution, — et par dessus le marché fort vexé de trouver tant de résistance chez un canard, s'arc-boute puissamment et renvoie à son tour toute la pâtée dans le ventre du canard.

*   *

Hors de lui, le canard riposte.

Pendant cinq heures, ce fut une lutte homérique entre ce gaveur et ce gavé.

Lutte toujours incertaine, car les deux adversaires déployaient une égale valeur.

*   *

Aucun d'eux ne pouvant vaincre, ils durent transiger et garder chacun la moitié de la pâtée.

Nous avons signalé ce mouvement de la gaveuse à la bouche, non pour la débiner ; mais pour signaler les cas où elle est défectueuse.

Quand le gaveur est plus fort que le gavé, il n'y a pas cela à craindre.

Seulement, dans ce cas, nous croyons devoir lui donner un conseil :

Il ne doit pas, — dans son intérêt, — abuser de sa force et souffler trop fort.

Car voilà l'effet que ça fait :

Alors, c'est un canard de perdu.

LA STATUE DE LA RÉPUBLIQUE

au Champ-de-Mars

S'il est vrai que les peuples n'ont que les gouvernements qu'ils méritent, il paraît que les gouvernements n'ont aussi que les statues dont ils sont dignes.

Le fait est amplement vérifié par cette grosse mère de M. Clésinger, inaugurée solennellement le 30 juin, au Champ-de-Mars, et qui représente très-bien la République dont le septennat nous fait jouir.

Cette dondon, bien en lard et fortement engoncée, que l'on peut aussi bien prendre pour la déesse de la Charcuterie, est sans contredit l'œuvre que devait inspirer la république actuelle.

Rien dans l'œil, rien dans la bouche, rien dans le port, rien dans l'expression.

N'est-ce pas l'image exacte de cet entr'acte politique que les gens accommodants s'efforcent de faire passer pour un chef-d'œuvre?

On ne saurait trop féliciter l'auteur de cette statue ; car
il a vaincu la plus grosse des difficultés connues :

Représenter le vide.

Etant donné un artiste et le programme qui lui était

imposé, personne n'eût pu mieux faire que n'a fait M. Clésinger.

Sa statue est excellente et sera probablement bonne encore pour quelque temps encore.

Après quoi, elle ne pourra guère — quoi qu'il arrive — prétendre à représenter ce qui succédera au régime qui l'a inspirée.

Alors, avec quelques retouches, on pourra l'utiliser à la porte d'un restaurant comme statue de la Digestion.

Au pied, un reste de pâté de foie gras, trois ou quatre bouteilles de *pal-ale* vides, une couronne en forme de porte-cure-dents, un bec de gaz sur la tête : ce sera d'un effet très-saisissant.

Les ordremoraliens raffolent de cette statue-là.

Cela se comprend, ça leur fait une petite douceur :

Quand l'on déteste et que l'on craint quelqu'un, on aime toujours voir de ce quelqu'un un portrait qui le rend grotesque.

Le Gérant : CANUEL.

LES PIÉGES

Tous nos compliments à la maison Aurouze qui a exposé un assortiment de piéges à animaux très-complet.

Depuis le piége à souris qui est mignon et gracieux jusqu'au piége à renards aux ressorts impitoyables, tout y est.

Nous avons cependant regretté de ne point voir figurer dans cette curieuse collection le piége à punaises.

Lequel, agrandi, eût pu servir aussi de piége à jésuites et à bonapartistes.

Le piége à punaises pourrait rendre de grands services à l'humanité pendant les nuits caniculaires où l'on s'agite sur sa couche comme un damné, dévoré par l'insomnie et les démangeaisons.

Les piéges à punaises pourraient être tendus de place

en place sur le corps, aux endroits les plus généralement fréquentés par les insectes.

Et les mortels pourraient goûter à la fois les douceurs du sommeil et de la vengeance.

o o o

Nous donnons ici l'image d'un citoyen ronflant comme une toupie, grâce aux piéges à punaises, après avoir passé quinze nuits blanches à semer inutilement de la poudre Burnichon dans ses rideaux.

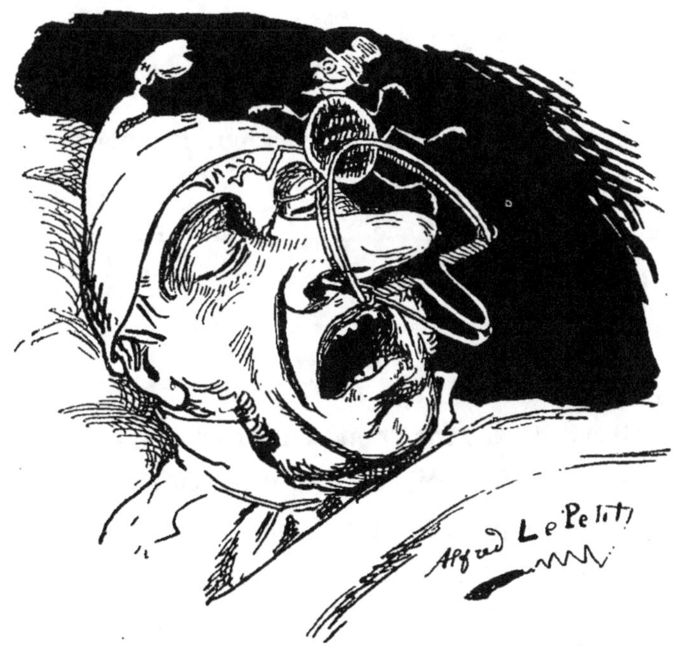

Notre collaborateur a été obligé de grossir un peu les

insectes, afin que le lecteur puisse voir l'expression dou-loureuse et satanique que prend leur visage quand ils se sentent pris dans le piége.

Nous avons aussi regretté l'absence du piége à préten-dants, dont la République aurait pu commander une bonne demi-douzaine d'exemplaires au fabricant.

Ce n'était pas là, en somme, un modèle bien difficile à exécuter.

Il ne s'agissait que d'augmenter les dimensions du piége ordinaire et de modifier la nature de l'appât.

Voici, à notre avis, un système qui fonctionnerait à ravir et ne raterait jamais.

Autour de la République, on placerait différents piéges dissimulés sous des fleurs.

Au lieu de lard, ou de grains, ou de fromage, on attache-rait, dans le milieu, soit une couronne, soit un trône, soit un manteau impérial, soit une énorme liste civile bien rebondie.

Immédiatement, on verrait poindre de tous côtés des insectes à gros bec.

Comme ça :

Et il ne se passerait pas trois mois avant que le tableau ci-dessus ne soit changé ainsi :

Mais voilà pour les insectes nuisibles ; c'est tout l'opposé de ce qui arrive pour les hommes utiles.

Quand il s'agit de récompenser ceux-ci, on ne s'occupe que des gros.

Quand il s'agit de détruire les autres, on ne pense qu'aux petits.

LE BAS A VARICES

Nous avons remarqué avec orgueil que la fabrication des bas à varices a fait de notables progrès.

Plusieurs maisons de premier ordre ont exposé des modèles d'une coquetterie raffinée.

En voyant d'aussi jolis bas, on regrette amèrement de ne point avoir de varices à mettre dedans.

De plus, tous les fabricants de ces engins poussent la complaisance jusqu'à ses plus extrêmes limites, en informant le public qu'ils fabriquent leurs bas sur mesure, quoique par correspondance.

Il suffit, ce sont eux qui parlent, de leur envoyer sur une carte postale la longueur et la grosseur de la cuisse, du mollet, du genou, du pied, etc., etc.

C'est on ne peut plus commode, comme on le voit.

Seulement notre devoir est de mettre en garde nos lectrices contre le piége horrible que tendent à leur naïveté certains faux fabricants de bas à varices qui ne fabriquent rien du tout, mais abusent de ce titre honorable pour se faire une collection d'autographes très-curieux.

Nous en connaissons un qui ne fait que cela depuis deux ans et qui s'en amuse beaucoup.

Il fait insérer dans les journaux des avis annonçant qu'il confectionne des bas sur les mesures qui lui sont données par lettres.

Il distribue, dans le même ordre d'idées, cent mille prospectus par mois sur la voie publique.

Au nombre des demandes qui lui arrivent journellement, il s'en trouve de temps en temps une émanant d'une comédienne en vogue ou d'une dame en vue d'un monde ou d'une fraction de monde quelconque.

C'est là ce qu'attend notre machiavélique pseudo-fabricant.

Quand il reçoit une de ces lettres, rédigée par exemple en ces termes :

« MONSIEUR,

« Veuillez me faire un bas gauche des dimensions sui-
« vantes :

« Recevez mes salutations,

PAMÉLA °°°.

°°°

Il colle l'autographe révélateur sur un album spécial qu'il ne montre d'ailleurs qu'à tous ses amis,

Et répond courtoisement à sa correspondante :

« MADEMOISELLE,

« C'est tout ce que je voulais savoir, je ne suis pas fabricant de bas. »

BARTHOLDI

Nous avons cru devoir révéler cette petite infamie. Il importait de prévenir Mmes Faumolletta, Granpietro, San Cuistra et autres du danger qu'elles pourraient courir en prenant au sérieux les prospectus qui leur sont distribués au coin des passages.

BARTHOLDI

Frédéric-Auguste Bartholdi, dont nous donnons à nos lecteurs le portrait, est né en Alsace le 2 août 1834.

o o o

Tout jeune, il avait la rage de faire des bonshommes immenses. Il vidait clandestinement tous les pains de huit livres de la maison paternelle et, avec la mie, il pétrissait des statues colossales dans tous les coins.

o o o

Élève d'Arry Scheffer, il s'adonna particulièrement aux grandes œuvres patriotiques.

On lui doit, entre autres travaux immenses, la statue du *général Rapp,* — *le Génie dans les griffes de la Misère,* — *Champollion,* — *La Fayette,* — etc., etc.

o o o

Mais tout cela n'était pas assez grand pour lui. Après la guerre de 1871, pendant laquelle il avait combattu

dans l'armée des Vosges, — histoire de ne pas perdre l'ha-
-bitude de mettre les hommes en terre, — il alla aux Etats-
Unis.

Là, il jeta les bases de la fameuse *Union franco-améri-
caine*, qui eut pour résultat de faire offrir par la France à
l'Amérique le superbe monument commémoratif de l'indépendance des Etats-Unis.

o o o

La statue de la *Liberté*, de M. Bartholdi, est colossale ;
elle a une soixantaine de mètres en hauteur.

Une famille anglaise logerait dans son nez.

On prétend cependant que cette œuvre gigantesque n'a
pas assouvi la passion du grandiose qui dévore M. Bartholdi, et qu'il rêve une statue immense de la *Fraternité
des peuples.*

o o o

Cette statue en bronze serait placée on ne sait pas encore où ; mais elle aurait quinze cents pieds de haut et
représenterait ladite Fraternité des peuples sous les traits
d'une mère soigneuse écrasant des petites choses sales
sur la tête de son enfant debout devant elle.

o o o

La tête de l'enfant serait un globe terrestre ; les petites choses sales écrasées de place en place sous l'ongle vigilant de la mère seraient des trônes sous différentes formes.

Du reste, notre collaborateur vous donne, par le bout de croquis ci-dessus, une idée de cette œuvre d'une haute philosophie.

LA STATUE DE LA LIBERTÉ

Par Bartholdi

Nous avons, dans notre précédent numéro, parlé de la *République* tout suif de M. Clésinger.

Il ne manquerait plus à cette pauvre statue que d'avoir à côté d'elle la superbe *Liberté* de M. Bartholdi.

Rien ne pouvait plus cruellement souligner l'insignifiance de cette tête wallonnienne que le voisinage de cette autre tête mâle et expressive, dont le regard profond et songeur est d'un charme si puissant.

On a fait à la *Liberté* de M. Bartholdi le reproche d'être un peu triste. C'est peut-être vrai.

On l'eût voulue rayonnante et triomphante; nous serions assez de cet avis.

Mais nous croyons que lorsqu'elle sera placée aux Etats-Unis, en pleine mer..., loin du spectacle affligeant de notre anémie civique, elle reprendra vite une physionomie plus sereine.

Ce qui doit assombrir aujourd'hui ce beau et noble visage, c'est de voir qu'en France, où un sculpteur trouve une belle inspiration pour représenter la liberté de l'Amérique, un autre chargé de représenter la liberté de la France n'en a fait qu'une charcutière à son comptoir.

En somme, l'œuvre de M. Bartholdi est saisissante.

Il y a, dans cette tête de la Liberté, un sentiment maternel d'une excessive profondeur.

Souhaitons que lorsque le jour viendra pour la France d'élever à son tour une statue de la Liberté, elle mettra la main sur un artiste capable de comprendre la vraie République française comme M. Bartholdi a compris l'Indépendance américaine.

LES POMPES

Nous avons été frappés de la quantité de pompes exposées au Champ-de-Mars et dans les annexes.

Nous ne savons ce que doit penser la Terre de cet acharnement que mettent les hommes à inventer des machines pour la vider comme un os à moelle.

Ce qu'il y a de bien certain, c'est que si cela continue, au train dont vont les inventeurs, tout le monde aura une petite pompe de poche d'un maniement doux et facile

et qui permettra de tirer un verre d'eau ou un lavement
des entrailles du globe, n'importe où l'on se trouvera.

Au nombre de tous les systèmes que nous avons étudiés
s'en trouve un qui nous a paru remarquable de simplicité.

Il s'agit de la petite pompe dite : la *Parisienne*, de
MM. Hoefild frères et H. Commin (section française).

Cette pompe, de laquelle voici à peu près le dessin, a à

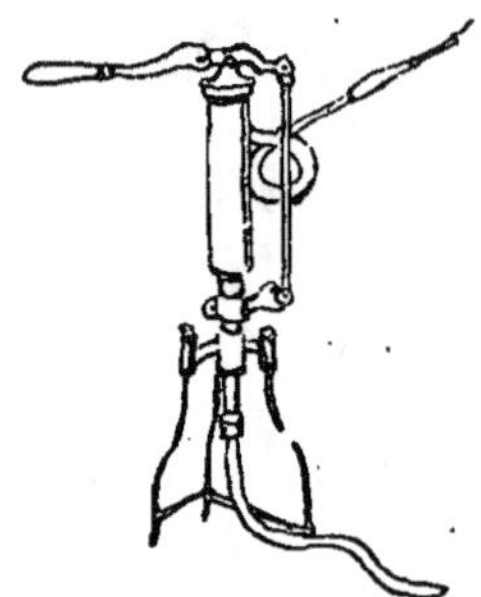

peine les dimensions d'un irrigateur pour constipé un
peu puissant.

Elle est nécessairement très-portative.

Nous la recommandons particulièrement aux personnes sensibles qui pourront l'emporter avec elles dans les théâtres de drame pour étancher leurs larmes sur le parquet, et se conserver ainsi les pieds secs pendant toute la représentation.

Ajoutons que la *Parisienne* peut être mise en mouvement par un enfant de huit ans et que son jet porte à une quinzaine de mètres.

Sa force aspirante est relativement énorme. Les inventeurs n'ont pas voulu mettre cette pompe dans la circulation avant que des expériences sérieuses n'en aient établi la puissance.

o o o

Une épreuve concluante a eu lieu publiquement, le 27 mars dernier, à Asnières.

En moins de trois minutes, un rhume de cerveau dont souffrait Hyacinthe, du Palais-Royal, a été complétement épuisé à l'aide de la *Parisienne.*

Ajoutons enfin que cette charmante petite pompe, d'un modèle très-gracieux, peut servir aussi à *reprendre* instantanément, chez les personnes dont les intestins sont trop spongieux, tout lavement qui a cessé de plaire.

o o o

C'est très-précieux, car rien ne ballonne et ne fait souffrir comme un décalitre d'eau de guimauve qui s'installe dans le ventre.

Voici, du reste, l'effet que cela fait :

Quant aux hydropiques, on ne compte plus les cas de soulagement et même de guérison obtenus par la *Parisienne*.

LES SIÉGES A L'EXPOSITION

Il n'était pas facile d'offrir à cent mille personnes à la fois de quoi s'asseoir au Champ-de-Mars et au Trocadéro.

La chose s'est faite, cependant, et très-bien faite.

Grâce au concours de tous les fabricants de chaises, canapés, fauteuils, etc., etc., il n'est pas de visiteur qui ne puisse trouver de quoi se reposer dans les parcs de l'Exposition.

Mais aussi que de formes diverses et bizarres dans ces siéges!...

Il y a d'abord la petite guérite en osier dans laquelle

on a bien de la peine à ne pas avoir l'air de vendre des journaux ou des pommes cuites.

Puis les causeuses à trois, qu'il n'y aurait qu'à faire monter sur pivot pour se donner l'illusion d'être sur les chevaux de bois.

C'est surtout dans les canapés de jardin que les fabricants apportent une fantaisie qui frise le dévergondage. Sous prétexte de faire des siéges dans lesquels on soit convenablement emboîté, ils confectionnent des canapés qui supposent des rondeurs on ne peut plus provocantes.

Ils ont commencé par le siége plat, un peu rigide et même meurtrissant, il faut le reconnaître.

    Puis, petit à petit, ils ont adouci les angles, arrondi les contours, et sont arrivés à ceci :

    C'était plus confortable, sans cesser pourtant d'être chaste.

    Mais voilà que, maintenant, ils forcent la note et creusent leurs siéges de façon à ce que ceux-ci ne puissent plus être remplis que par des.... fronts qui ne rougissent plus.

    Où s'arrêtera cette rage philanthropique des concavités? — Nous n'en savons rien.

Ce qu'il y a de certain, c'est que la vue de ces siéges complaisants jusqu'à la bassesse produit des effets différents sur les dames qui en approchent.

Telle femme comme il faut et maigre, qui était sur le point de s'asseoir là-dedans, recule épouvantée et rougissante en se disant :

« Mes moyens ne me permettent pas d'aller jusqu'au fond... je me ferais remarquer. »

Tandis qu'une autre, plus hardie et plus rebondie, choisit de préférence le siége flatteur, en pensant tout bas :

« Voilà là-bas des messieurs qui me regardent, donnons-leur au juste ma pointure. »

Ceci sans préjudice des femmes osseuses, qui vont droit à ces siéges profonds pour faire accroire aux passants un tas de mensonges.

Ce truc a dernièrement joué un assez mauvais tour à une de ces hâbleuses à la muette.

⁎

Sèche comme un clou, plate comme un coupe-papier, elle s'était assise effrontément sur un des canapés à réclame double (Mercure et Vénus), lorsque deux gavroches, s'apercevant du subterfuge, se mirent à jouer au ballon sur le canapé, de sorte que le ballon passait et repassait à l'aise entre les lames de bois du siége et celles de couteau qui servaient de... séant à la vantarde imprudente.

⁎

Quand la dame s'aperçut qu'elle avait servi de tunnel

aux deux galopins, il était trop tard : huit cents personnes s'étaient rassemblées et assistaient depuis un quart d'heure à cette intéressante partie.de ballon.

LES BALANCES DE PRÉCISION

Encore une industrie très en progrès.

o º o

Citons d'abord les bascules qui, en vous pesant, impriment votre poids sur un ticket,

Et qui sont d'une justesse telle qu'elles indiquent exactement la différence existant entre le poids d'un timbre-poste de deux sous et celui d'un timbre-poste de trois sous.

o º o

Nous avons remarqué aussi la bascule de M. L. Paupier, qui est un chef-d'œuvre de précision.

o º o

Une épreuve qui a été faite devant nous ne permet plus de douter de l'excessive délicatesse de cet instrument.

Voici ce que c'est :

Mlle Sarah Bernhardt, de la Comédie Française, passait devant l'exposition de ces bascules.

L'idée lui vint de se faire peser.

M. Paupier s'y prêta de bonne grâce.

La charmante artiste monta sur le plateau.

Immédiatement le fléau s'abattit et le compteur marqua 228 grammes.

En descendant du plateau, Mlle Sarah Bernhardt s'écria :

« Oh! mon Dieu !... j'avais gardé mon ombrelle; comment faire?...

— C'est juste, Mademoiselle, répondit M. Paupier... mais il y a moyen d'arranger la chose; nous allons peser l'ombrelle toute seule, et en déduisant son poids, vous connaîtrez le vôtre. »

Ainsi fut fait.

o ° o

On mit l'ombrelle sur le plateau, et le compteur marqua 229 grammes.

Un gramme de plus que lorsqu'elle avait Mlle Sarah Bernhardt à son manche.

Le Gérant : CANUEL.

LES BILLARDS DE SALON

Nous avons remarqué, dans l'exposition du bazar du voyage de M. Walcker, un petit billard miniature de M. Potin qui est tout simplement merveilleux.

M. Potin, qui doit être un inventeur doublé d'un philanthrope, a voulu mettre le billard à la portée de tout le monde, même des culs-de-jatte.

Et il a imaginé un billard — pouvant d'ailleurs servir de table de jeu lorsqu'il est recouvert — avec lequel on peut jouer assis.

C'est le billard qui tourne sur pivot au milieu des joueurs.

Les queues de ce billard sont un chef-d'œuvre.

Il est évident qu'assis un joueur n'a ni l'élan ni la force nécessaires pour certains coups.

Cette force et cet élan, M. Potin les a ingénieusement emmagasinés dans une queue à ressort qui part au moyen d'une détente, comme un pistolet.

Si l'on n'a qu'un coup faible à jouer, on n'enfonce la queue dans sa crosse que d'un ou deux crans.

Si, au contraire, il s'agit d'un huit-bandes, on *charge* sa queue jusqu'au dix ou douzième cran, et l'on obtient des résultats qui sont toujours précis, puisqu'ils sont mécaniques.

Ajoutons que ces queues très-portatives peuvent encore servir de défense pour les gens qui rentrent chez eux la nuit, s'ils sont attaqués.

Un individu vous aborde en vous demandant la bourse ou la vie.

Vous tirez votre queue de votre poche, vous l'amorcez comme pour faire un massé terrible, et vous lui brûlez la cervelle comme cela :

Le filou peut ne pas être enchanté du *procédé*, mais s'il fallait contenter tout le monde, on n'en finirait pas.

Sur le billard-table, la partie se fait exactement comme sur les autres.

Voici, d'ailleurs, la règle qui accompagne ce jeu. On verra qu'elle ne diffère pas sensiblement de celle des billards ordinaires.

ARTICLE 1er.

Le joueur n'est pas tenu d'avoir un château ; mais il faut qu'il ait au moins un pied-à-terre.

ART. 2.

Quand deux billes arrêtées se touchent, on les remet sévèrement à leur place.

ART. 3.

Si un des joueurs prétend que son carambolage est fait et que l'autre soutienne qu'il ne l'est pas, l'avis du plus cocu des deux prévaut.

ART. 4.

En cas de contestation relative au collage de deux billes, on télégraphie à Sarah Bernhardt pour la prier de venir passer dans le milieu.

Si elle passe, c'est que les billes... se touchent.

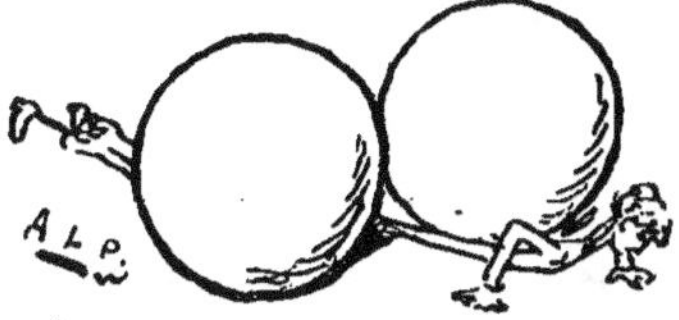

ART. 5.

Si une bille saute hors du billard après avoir touché les deux autres, le carambolage est bon.

Mais si, en sautant, elle atteint une belle-mère à la tempe, il est encore bien meilleur.

CONSEILS GÉNÉRAUX.

Pour faire beaucoup de carambolages, il faut les faire par bandes.

Quand la bille rouge est décolorée par l'usage au point de ne plus pouvoir se distinguer des deux blanches, il suffit de bien la frotter avec un numéro du GROS 26 (*vulgo : Figaro*) ; si elle a un peu de cœur, elle rougira immédiatement.

Nous recommandons tout spécialement le billard-table

de M. Potin aux gens désireux de se donner de l'exercice sans bouger de place.

o o o

Nous croyons que ce renversement complet des usages
du jeu de billard pourrait s'appliquer à beaucoup d'autres
jeux fatigants.

Aux courses de chevaux, par exemple :

On placerait les jockeys à certain endroit de la piste. Ils
ne bougeraient pas.

Et ce seraient les tribunes, la foule et le poteau d'arrivée
— le tout monté sur une immense plaque mobile mue
par la vapeur — qui tourneraient au centre des jockeys
immobiles.

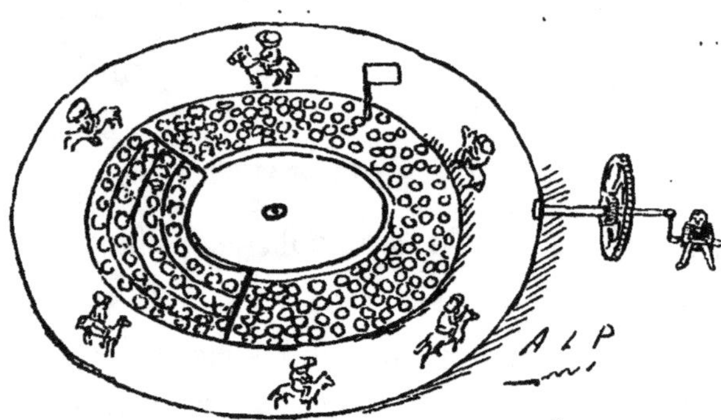

En attendant ce progrès qui se réalisera certainement un de ces jours, M. Potin ne peut manquer, après
nous avoir donné le billard-table qui se joue assis, de
nous donner le billard-ciel de lit qui se jouera couché sur
le dos.

Ce sera tout à fait commode.

« Mais, nous dira-t-on, les billes tomberont sur le nez des joueurs ! »

Allons donc !...

M. Potin ne sera pas arrêté par ce détail vulgaire.

Il fera ses billes en acier poli et sa table de billard en fer aimanté.

De cette façon, elles rouleront sur la table sans jamais s'en détacher.

LE BALLON CAPTIF

Le ballon captif établi dans la cour des Tuileries par M. Giffard est un des hors-d'œuvre les plus intéressants de l'Exposition universelle.

Et nous conseillons à nos lecteurs avides d'émotions de faire le plus souvent possible cette ascension, car il faut bien espérer qu'un jour ou l'autre le câble cassera.

Et alors ils iront droit comme une flèche tomber sur la lune, dont les habitants n'attendent que cette occasion pour voir comment sont faits les citoyens d'un globe où Saint-Genest trouve des gens qui le prennent au sérieux.

Les premières ascensions du ballon captif n'ont pas marché tout droit.

Il y a eu des malentendus, des contre-temps.

C'est surtout pour bien équilibrer le poids de la nacelle qu'il a fallu tâtonner beaucoup.

Un jour que les aéronautes avaient convoqué la presse, on fit monter tous les journalistes invités dans la nacelle.

M. Giffard avait calculé sur une moyenne de 65 kilos par voyageur.

Mais il avait compté sans Charles Monselet et Louis Ulbach. . . . .

Une fois nos deux confrères installés, M. Godard crie : « Lâchez tout! »

On lâche tout. .. le ballon ne bouge pas.

Stupéfaction!

M. Tissandier dit d'un ton sec :

« Nous sommes trop lourds ! »

Aussitôt plusieurs de nos confrères offrent de descendre.

Mais M. Giffard arrête tout le monde d'un geste.

« De combien sommes-nous trop chargés, demande-t-il à Godard.

— De 200 kilos environ.

— C'est très-bien!... que l'on aille immédiatement chercher Mlle Sarah Bernhardt. »

Le Théâtre-Français est à deux pas ; on part, on trouve la célèbre artiste en répétition, on l'amène ; elle monte dans la nacelle.

Et aussitôt le ballon s'élève majestueusement dans les airs.

LES CONTEMPORAINS

Dans leur assiette

Une charmante idée qu'a eue un fabricant de faïences.

Il a fait dessiner par un artiste que nous comblerions d'éloges si nous ne craignions de faire rougir notre collaborateur Alfred Le Petit.

Il a fait dessiner, disions-nous, le portrait de plusieurs de nos contemporains en vogue, et a composé une douzaine d'assiettes à dessert d'une grande gaîté.

Hugo, Thiers, Gambetta, Littré, Sardou, Dumas fils, etc., etc., figurent dans cette galerie.

L'idée est bonne assurément.

Cependant, elle peut présenter quelques légers inconvénients.

Nous remarquons, par exemple, dans le fond d'une de ces assiettes la tête du rédacteur en chef du *Figaro*.

Est-ce vraiment bien engageant pour manger de la compote de cerises ?

Nous faisons des réserves.

Quelquefois ça réussit mieux :

Dernièrement, à un dîner donné dans une maison où l'on étrennait ces assiettes, le portrait de Louis Veuillot échoit à un monsieur qui venait pour la première fois.

Le domestique passe des fruits à tout le monde, excepté au monsieur en question.

Puis viennent les mendiants, les pâtisseries, les crèmes, les compotes, etc., etc.

Et toujours le domestique offre de tout à tous les convives, et rien au monsieur qui ne s'expliquait pas un tel abandon.

Cependant, par discrétion, il ne disait rien ; et pendant que tout le monde mangeait d'excellentes choses, délaissé, confus, vexé, il était réduit à faire des boulettes de mie de pain pour se donner une contenance.

Enfin, par bonheur, la maîtresse de la maison s'aperçut de la chose.

« Joseph ! dit-elle au domestique, mais à quoi pensez-vous donc?... Comment, vous n'offrez pas de dessert à Monsieur?

— Mais, Madame, répondit Joseph un peu troublé en montrant l'assiette de l'hôte déshérité, — j'attends que Monsieur ait fini son gruyère.

L'infortuné larbin était un peu myope.
Et damè !... à deux pas...

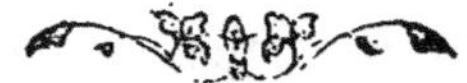

LES TABLES ÉTAGÈRES

De la Maison Ch. Garms

Etant donné, dans un appartement, un emplacement d'un mètre carré, y mettre un guéridon sur lequel on puisse poser — sans qu'ils se touchent et se gênent — autant d'objets qu'en contiendrait une table trois fois plus grande.

Tel est le problème que vient de résoudre avec beaucoup de bonheur M. Ch. Garms, dont l'exposition est tous les jours littéralement cernée par le public.

L'inventeur de ce meuble curieux s'est dit :

« Les logements devenant très-exigus et ne pouvant plus contenir les meubles en longueur, il faut les fabriquer en hauteur. »

Alors il a pris un simple guéridon comme ceci :

Et rendant pratique le fameux truc des *Pilules du diable,*

il l'a truqué de façon à ce qu'en poussant un petit ressort,
le guéridon se présente immédiatement sous cet aspect :

De sorte que l'emplacement disponible se trouve tout à
coup triplé, et dans un petit salon où vingt personnes
prennent le thé, chacun trouve à caser facilement sa tasse
et tous les accessoires.

C'est excessivement simple ; mais comme pour l'œuf
de Christophe Colomb, il fallait y penser.

Ce système trouvé, l'appliquer aux tables de plus
grandes dimensions ne devait être qu'un jeu d'enfant pour
l'inventeur.

Aussi ne s'est-il pas gêné pour confectionner immédiatement des servantes de salle à manger sur le même
modèle.

Nous n'insisterons pas sur les avantages de ces tables à étages, avec grenier et sous-sols ; tout le monde s'en rendra trop facilement compte.

Disons seulement que ce sera très-commode pour dîner à douze sur une table de quatre couverts.

o o o

On n'aura qu'à placer les convives par rangs de taille, les petits en dessous, les moyens dans le milieu, les grands au dessus.

Et chacun y trouvera son compte.

Nous sommes bien persuadé que M. Garms ne s'arrêtera pas là.

Sans prétendre lui indiquer les progrès qui lui restent à faire, nous lui soumettrons, entre autres, l'idée d'appliquer son système aux lits.

En ce temps d'envahissement de Paris par la province, un lit qui — sans tenir plus de place qu'un lit ordinaire

UN COCHER D'EXTRA PENDANT LA GRÈVE

— permettrait d'abriter quinze cousins, seize oncles et onze beaux-frères, serait fort bien accueilli.

Suivant l'usage antique, solennel et tintamarresque, — nous terminerons en signalant à nos lecteurs une des précieuses ressources que leur offre le guéridon-étagère.

⁕

On place un petit bibelot quelconque sur la tablette du dessous et on amène sa belle-mère vers le meuble.

Naturellement curieuse et grincheuse, la belle-mère se penche pour regarder le bibelot, en disant d'un ton pointu :

« Voilà à quoi vous employez la dot d'Ernestine !... »

⁕

Alors, d'une main sûre, on fait jouer le bouton du guéridon, et voilà — si l'on a eu assez de sang-froid et d'énergie — l'effet que cela produit :

Après cela, nier le progrès de l'ébénisterie française serait le comble du gâtisme.

LA GRÈVE DES COCHERS

Dans un de nos chapitres précédents, nous avons assez durement traité les cochers de fiacre.

Nous sommes heureux qu'une circonstance nous permette de leur prouver qu'il n'y a aucun fiel dans notre âme et pas le moindre parti pris de notre part.

* * *

Pendant la première période de l'Exposition, les cochers se sont montrés cruels et irascibles.

Mais la grève qui a éclaté au commencement du mois d'août a suffisamment établi que ces honorables travailleurs — du moins pour une forte partie — avaient été conduits à la malveillance par les mauvais traitements qu'eux-mêmes subissaient de la part de leurs patrons.

* * *

La grève a porté à la connaissance du public, qui l'ignorait trop, — le régime par trop impérial auquel les compagnies assujettissaient leurs travailleurs.

Et l'on s'étonne moins, maintenant que l'on sait, de l'état d'irritation dans lequel étaient entretenus ces braves gens.

* * *

La grève des cochers a eu son côté pittoresque.

Elle a fait jaillir du sol sur les siéges une foule d'automédons improvisés qui ont donné, pendant quelques jours, aux rues de Paris l'aspect le plus cocasse.

Petits clercs de notaire, invalides, gommeux à sec, sportsmen décavés, se sont faits cochers instantanément.

Notre collaborateur Alfred Le Petit nous donne le croquis, pris d'après nature, d'un de ces *extras*.

      o o o

Il a pris ce type sur le siége de la voiture n° 12917, au moment où, accosté par une poisseuse du demi-quart de monde qui lui disait :

« Cocher!... à l'heure!... »

Celui-ci répondait à sa cliente, dans laquelle il reconnaissait une de ses anciennes pieuvres :

« Tiens!... Catinska!... Plût au ciel que jadis je ne t'eusse prise qu'à la course!... »

      o o o

Quoi qu'il en soit, et malgré les quelques dérangements que la grève a apportés dans les commodités de la popu-

lation parisienne, cette grève venant en même temps que
d'autres, qui toutes se sont passées dans le calme le plus
complet, ne nous déplaît pas.

*   *   *

Ces grands procès entre patrons et salariés, que bon
nombre de bourgeois effarés ne se représentent que comme
des conflits, gros d'émeutes et de violences, et qui n'ont
en réalité d'autre importance qu'une discussion très-légi-
time d'intérêts, doivent se dérouler dans la vie des peuples
sans que l'ordre en soit troublé.

*   *   *

Sous l'Empire, une grève ne pouvait éclater sans que
le chassepot intervînt. Voilà ce qui était l'anarchie.

Il appartenait à la République de démontrer victo-
rieusement que deux cent mille travailleurs pouvaient
défendre leurs droits contre une centaine de patrons qui
défendent également le leur, sans que pour cela le sang
dût couler dans les ruisseaux.

C'est fait.

AUCUNE PERTE DE GRAIN

Sous cette rubrique, le *Grand Couvoir français*, dont l'exposition est, d'ailleurs, très-intéressante, nous offre une petite mangeoire à volaille des plus ingénieuses.

Voici, à peu de chose près, le modèle en profil :

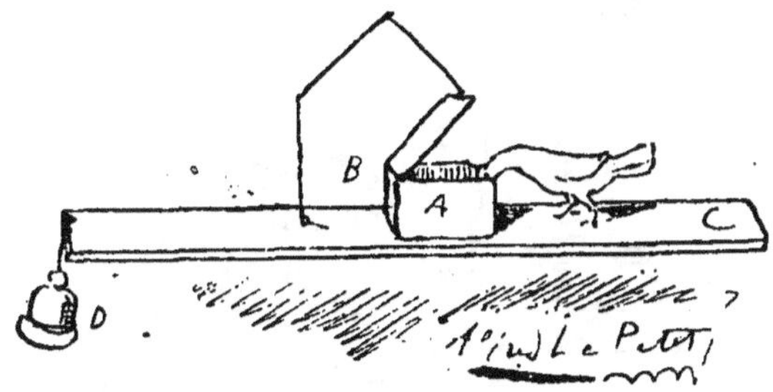

On met le grain dans la petite boîte A, qui se ferme au moyen d'un couvercle à charnière B.

En se posant sur la tablette C pour manger, le pigeon par son poids fait basculer cette tablette et le couvercle se lève.

Quand il a déjeuné, il s'en va, et en quittant la tablette C il laisse retomber le poids D qui referme le couvercle.

Alors un pierrot peut venir après : comme il n'est pas assez lourd pour soulever le poids D, le couvercle reste fermé, et le filou se brosse le ventre.

Nous ne connaissons vraiment rien de plus simple et de plus pratique.

Cependant, on cite des pays où les moineaux sont si malins qu'ils se moquent de la bascule comme un bonapartiste d'une serrure.

Ils se fabriquent des sabots en plomb qui leur donnent le poids nécessaire, et vont le matin se flanquer des bosses de vesce et de petit blé, pendant que le propriétaire de l'ustensile dort sur ses deux oreilles, persuadé qu'il a fait une bonne niche aux pierrots des environs.

Il faut bien que tout le monde vive.

LA PENDULE SOLAIRE

La pendule solaire de M. Grivolat mérite une mention spéciale.

Fort gracieuse et très-décorative pour les jardins, elle donne l'heure exactement.

***

Dernièrement, un bourgeois de Chatou — qui a un des coquets instruments sur sa pelouse — était pour prendre le train de Paris.

Il dit à son domestique :

« Jacques... allez donc voir l'heure au juste. »

Jacques va tourner vers la pendule solaire Grivolat.

Puis, n'y comprenant absolument rien, il apporte la pendule à son maître en disant :

« Si monsieur veut voir?... »

Ce domestique ne chipait jamais qu'un seul journal à son patron : *La Défense.*

On l'a su depuis.

Mais on aurait dû s'en douter tout de suite.

L'EXTINCTEUR DICK'S

Très-original, cet ustensile.

C'est une grande boîte en fer-blanc que l'on se met sur le dos à l'aide de bretelles, quand l'on veut éteindre un incendie.

Dans la boîte, il y a un acide quelconque qui s'échappe par un robinet revenant devant l'homme chargé de cette boîte.

Un jet de cet acide dirigé sur la flamme l'éteint instantanément.

Après, on n'a plus qu'à revenir tranquillement chez soi pour être pris pour un marchand de coco.

LES GLACES

De Jenmont et de Saint-Gobain

Nous recommandons aux personnes qui se promènent dans la section de la cristallerie de ne marcher que très-lentement, en ayant toujours soin d'étendre les mains en avant.

Il y a là de grandes diablesses de glaces d'une dimension colossale.

Et si pures, si limpides, si claires, qu'on ne les voit qu'une fois que l'on est passé au travers.

Les gens qui chiquent peuvent négliger d'étendre le bras.

Ils n'ont qu'à cracher constamment devant eux en marchant.

Les taches rousses qui se fixeront sur les glaces les avertiront du danger.

Saint-Gobain a exposé aussi des glaces superbes pour dallage.

C'est tout à fait transparent et plus solide que le parquet de bois.

Plusieurs propriétaires du quartier Bréda ont l'intention de remplacer tous les planchers de leurs maisons par ces dalles en cristal.

Ils comptent rentrer amplement dans leurs frais en augmentant le loyer des logements de garçon des étages inférieurs, à cause de la vue qui sera très-variée.

Le fait est qu'avec une maison entièrement parquetée comme cela, de tous les étages, on n'aurait qu'à lever le nez pour voir la lune aussitôt qu'elle serait levée.

LE BATTEUR DE CARTES

M. Alp. Bernier, l'inventeur de cet engin d'une civilisation raffinée, doit avoir une singulière idée de la confiance mutuelle dont s'honorent entre eux les chevaliers du baccarat.

o *o* o

Il a imaginé une machine très-coquette ayant cette forme :

C'est destiné aux cercles de gens comme il faut... comme il faut qu'il y en ait pour faire valoir les autres.

o *o* o

On pose l'outil sur le milieu de la table. On met un jeu de cartes neuf dans le trou du dessus ; on tourne la manivelle. Les cartes se battent et se distribuent ensuite une à une.

De cette façon, plus de saut de coupe, de carte forcée, de portée dans la manche, etc., etc. ; enfin, aucun de ces trucs usités dans les sociétés choisies.

o o o

Il paraît que l'inventeur avait présenté son batteur de cartes à plusieurs maires du 16 Mai, en disant qu'il pourrait être employé avec succès comme boîte de scrutin pour assurer la sincérité des dépouillements de votes.

o o o

On voit d'ici comment il a dû être reçu.

Figurez-vous un homme qui se dispose à forcer un secrétaire et à qui l'on vient dire :

« Tenez, voilà une clef à sonnette d'alarme qui réveillera toute la maison au moment où vous l'introduirez dans la serrure. »

Le Gérant : CANUEL

La rue des Nations, s'il vous plait !...

LES MANNEQUINS

Hollandais, Norvégiens, Chinois, etc.

C'est une excellente idée qu'ont eue ces différentes nations d'envoyer au Champ-de-Mars leurs bonshommes grandeur nature.

Seulement, ils sont si bien imités, que cela a, pour les visiteurs, de légers inconvénients.

D'abord, celui d'amener des provinciaux à prendre ces mannequins pour des personnages naturels et à leur demander des renseignements.

Puis, cet autre plus grave :

Quand on a contemplé, pendant une demi-heure, des bonshommes si bien faits, et que le hasard met sur votre route un visiteur momentanément immobile, on croit facilement qu'il fait partie de la collection, et l'on va le regarder sous le nez, en s'écriant :

« Oh!..., regardez donc..., a-t-il une bonne tête, celui-là!...

o o o

Et celui-là, vexé, vous allonge un énorme coup de poing
sur le nez.

On peut prendre cela pour le comble de l'imitation,
mais ça ne vous retire pas votre bleu.

UN ENDROIT DANGEREUX

Nous signalons à nos lecteurs l'exposition des tentes en plein vent, qui se trouve près de l'École militaire.

La circulation autour de ces tentes est excessivement périlleuse, à cause des cordes obliques et très-longues qui les fixent au sol.

Si l'on se promène en regardant en l'air, voici ce qui vous arrive :

Si, au contraire, on fait attention à ses pieds, ça change :

Le moins qui puisse vous arriver, c'est de ne vous accrocher ni par les pieds, ni par le cou, mais d'être pris en plein par le milieu du corps.

Alors, on reste suspendu ainsi :

comme un lange sur une corde de blanchisseuse, jusqu'à ce que quelqu'un vienne vous déplier.

Ces différents dangers ont arraché à M. le comte de Germiny ce cri de désespoir :

« Il est impossible de se promener au milieu des tentes sans *choir*. »

LES FAUTEUILS ARTICULÉS

A voir l'énorme quantité de siéges de toutes sortes que la France a exposés, on ne se douterait jamais que nous sommes la nation la plus active et la plus remuante du globe.

On pourrait croire, au contraire, que nous passons tout notre temps à nous étendre, à manger allongés, à lire couchés, à travailler aplatis, à écrire sur le dos, à jouer aux cartes sur le ventre, etc., etc.

Nous devons une mention toute spéciale à la maison A. E. Eliaers, qui a trouvé les combinaisons de siége les plus étonnantes.

Il y a, d'abord, les fauteuils à degrés, lesquels, au moyen d'une simple cheville mobile, permettent de donner au corps les inclinaisons les plus variées.

Exemples :

Puis, il y a le fauteuil-tramway, qui permet aux conval escents d'organiser des courses plates autour de la table de leur salle à manger.

Puis, les fauteuils repliés, qui peuvent se caser dans un carton à dessins.

Mais le chef-d'œuvre du genre est, sans contredit, le fauteuil de repos et de lecture, auquel on adapte un pupitre mobile, sur lequel on peut placer livre, journal, etc., etc. , l'approcher, l'éloigner avec la plus grande facilité.

Ce fauteuil a un grand avantage, c'est qu'il ne nécessite pas de réparations.

Quand les ressorts ne jouent plus bien, ou quand les élastiques, devenus fourbus, ne permettent plus de s'endormir dedans, on n'a qu'à mettre sur le pupitre de lecture un livre de B. Jouvin, et le sommeil vient tout de même.

DERNIÈRE VISITE

Avant la distribution des récompenses

Le DESCENSEUR A SPIRALE, duquel un grand journal quotidien s'est servi, il y a quelque temps, pour essayer de faire remonter le chiffre de ses abonnements, figure au Champ-de-Mars, avec expériences à l'appui... d'une fenêtre.

On connaît cet instrument, dont le succès n'a pas été aussi complet qu'il devait l'être.

En voici l'image :

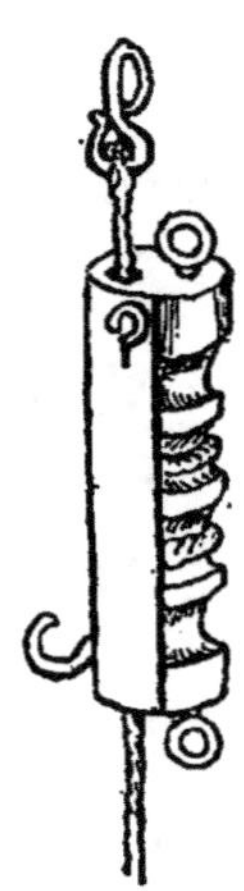

Avec cela, on peut échapper à un incendie, fût-on au sixième étage, et même prendre des voyageurs en route aux fenêtres du dessous.

Pas une maison ne devrait être dépourvue de cet appareil, dont le prix est minime.

On pourrait le rendre encore plus accessible, et les inventeurs y pensent : car voici le nouveau prix courant qu'ils préparent :

DESCENSEUR A SPIRALE.

Modèle n° 1 extra-fort corde   0.022^m. — 25 francs.

—   2   0.011^m. — 18

—   4 pour belles-mères, simple ficelle   2.75

Ce modèle n° 3 est un des plus charmants cadeaux qu'un gendre, etc.

LES EAUX DE COLOGNE pullulent à l'Exposition, et les exposants de ces produits sont très-gracieux.

Presque tous se tiennent devant leurs vitrines, un flacon à la main, et parfument gratuitement les passants qui veulent bien tendre leur mouchoir.

Citons, entre autres, la maison Delettrez, qui a rendu d'immenses services aux visiteurs en désinfectant ainsi — momentanément du moins — plus de quinze lecteurs du *Pays* — qui répandaient dans les galeries une odeur âcre et suffocante.

Pendant que nous parlons de désinfection, notons le DÉSINFECTEUR A. Audoin, d'Angoulême, qui nous a paru très-complet.

En voici la silhouette :

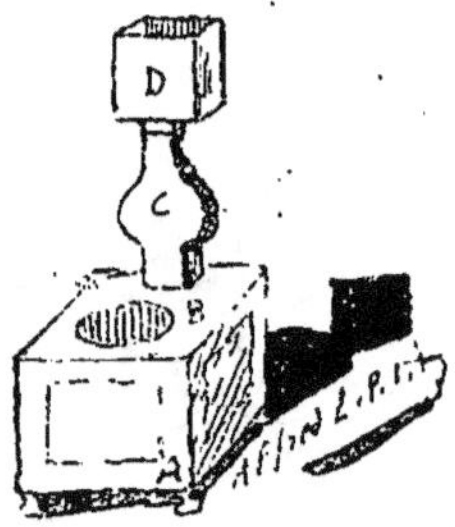

On s'assied sur le siége A, — la destination du trou B n'a pas besoin d'être indiquée plus minutieusement; quant au tuyau C, il sert à conduire dans le récipient D les odeurs désagréables qui se sont échappées pendant la... confidence.

De cette façon, plus de mauvaises émanations, le compartiment D ne laissant plus redescendre les gaz qui lui ont été confiés, lesquels, on le sait, tendent toujours à monter.

Quand on ne se sert plus de l'appareil, on peut dévisser le morceau D qui sert alors, si l'on veut, de coquette boîte à thé.

LA MACHINE A BOUCHER, système Gervais, de Bordeaux, est excessivement curieuse.

On sait que ce qu'il y a au monde de plus difficile, c'est de boucher convenablement et rapidement des bouteilles.

Ou le bouchon est trop gros, et il n'entre pas; ou il est trop petit, et il ne bouche rien du tout.

Dans tous les cas, on se fait un mal horrible aux mains, on casse les bouteilles, et on perd son vin.

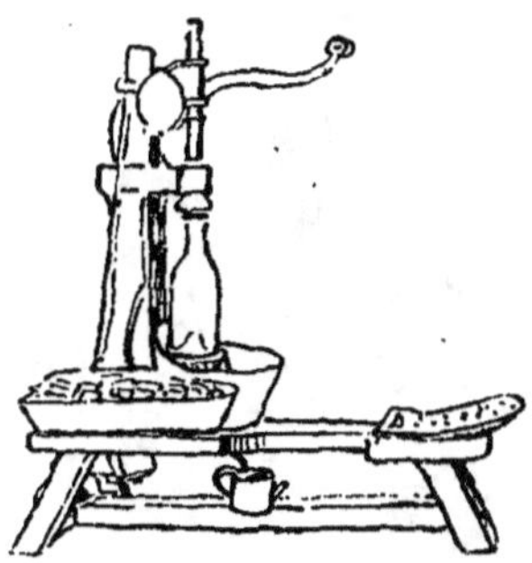

Avec la machine Gervais, aucun de ces inconvénients ; tout se fait mécaniquement, vite et bien.

On n'a qu'à placer la bouteille sous un piston qui contient le bouchon. Un coup de levier, et c'est fait.

Sans aucun effort, un enfant de huit ans boucherait un flacon de Bully avec une bille de billard, tant la machine est puissante, tant la pression est forte.

De nombreux certificats, délivrés à cette maison par des commerçants très-sérieux, attestent l'excellence de cette machine.

Nous nous bornerons à reproduire celui-ci :

« MONSIEUR,

« Nous avons fait usage de votre appareil, qui a donné « les meilleurs résultats. Nous donnons 50,000 francs « à qui prouvera que les cruchons bouchés par la « machine Gervais sont moins bouchés que ceux qui « sont abonnés à la *Défense*. — Nous vous autorisons à « publier cette lettre.

« CASSIDOR Père, à Bordeaux.

Cette machine nous amène tout naturellement à mentionner un autre ustensile de cave, non moins ingénieux :

LA MACHINE A RINCER LES BOUTEILLES,

de M. A. Goret, à Viry-Chatillon (Seine-et-Oise), résout le problème qui passionnait l'humanité depuis cinq mille ans, et dont l'X était ceci :

« Rincer intérieurement et extérieurement 500 bou-« teilles en une heure, sans plus de fatigue que si l'on « jouait l'*Amant d'Amanda* sur un orgue de Barbarie. »

Grâce à M. Goret, ce but est atteint.

A n'importe quel baquet, on adapte sa mécanique, dont voici la physionomie douce et fière.

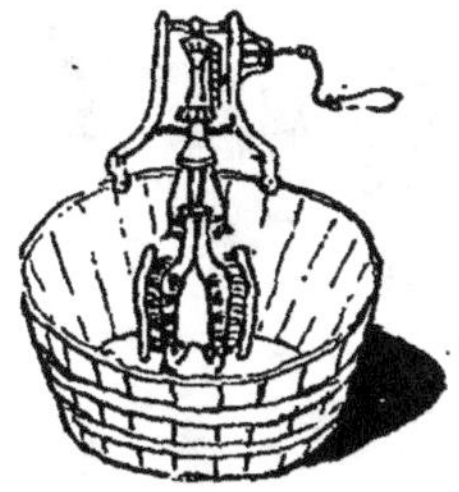

Et rien qu'en tournant la manivelle, on rince complétement la bouteille.

En moins d'une seconde, comme dans les messages de feu Vélocipède père, tout est luisant au dedans et resplendissant au dehors.

Cette intelligente invention va plus loin qu'on ne se l'imagine.

En effet, augmentez les proportions de l'engin et de ses goupillons internes et externes, à la place de la bouteille, mettez un simple mortel très-sale de peau, et atteint d'un embarras gastrique.

Enduisez les goupillons du dehors de savon noir, et le goupillon du dedans de poudre d'émeri.

Tournez vivement pendant cinq minutes.

Et vous obtenez l'expulsion complète de tout ce qui entravait le fonctionnement de l'estomac du sujet, ainsi que de la crasse épaisse qui obstruait les pores de sa peau.

Exemple :

LE PAVILLON DES SONNETTES est assez curieux à visiter.

Seulement il faut se défier d'une chose :

Ne jamais s'approcher d'un visiteur qui s'est assoupi sur une chaise.

Ça peut se trouver un concierge.

Et comme, à chaque instant, un coup de sonnette retentit dans le pavillon, notre homme réveillé en sursaut s'accroche violemment à la première chose qui lui tombe sous la main, croyant tirer le cordon.

Et voilà l'effet que cela fait :

LA GZARDA. — Nous engageons nos lecteurs à s'arrêter quelques instants à cet établissement, où un délicieux orchestre exécute des morceaux très-souvent remarquables.

Mais éviter autant que possible le moment où cet orchestre autrichien, — mû par un sentiment de fraternité des plus louables, — joue notre *Marseillaise* sur ses doux instruments à cordes.

Rien de plus pénible que cette marche foudroyante grattée en petits sautillements sur cinq violons doucereux.

L'intention est bonne ; mais l'effet produit est à peu près celui que l'on obtiendrait en faisant déclamer *le Géant*, de Victor Hugo, par un phonographe.

o o o

LA PENDULE COSMOGRAPHIQUE MOURET,

— très-ingénieuse combinaison au moyen de laquelle le balancier de la pendule imprime à la sphère qui est au-dessus les mouvements de rotation et de translation.

C'est de la science vulgarisée dans toute l'acception du mot, car les choses physiques que l'on apprend par l'œil se retiennent aussi facilement que s'oublient celles dont l'étude n'est accompagnée d'aucune démonstration.

La pendule cosmographique Mouret est donc, en même temps qu'un meuble élégant, un instrument précieux.

On voit d'un seul coup d'œil, et à chaque instant, quelle est la partie de la terre qui est éclairée par le soleil.

De cette façon, pas d'erreur possible dans les rendez-vous.

Quand l'aiguille du cadran est sur *douze heures*, on n'a qu'à jeter un coup d'œil sur le globe terrestre et l'on sait tout de suite s'il est midi ou minuit.

LA BOTTELEUSE COMPRIMANTE. — Cette botteleuse est appelée à rendre de grands services pour les transports de fourrages.

Et aussi pour les emmagasinements de foin dans les locaux exigus.

Elle est d'une telle puissance, qu'elle entasse 200 kilos de foin dans le volume d'un mètre cube.

Si bien qu'avec gros comme une tablette de chocolat de fourrage, un cheval a de quoi manger toute la journée.

Il faut pourtant se défier : car si l'on ne connaît pas au juste les proportions, il arrive que le foin, qui se gonfle naturellement dans l'estomac, peut faire éclater l'animal.

Voici dans quel état s'est mise une pauvre bête, à la portée de laquelle on avait imprudemment laissé du foin comprimé par la botteleuse en question.

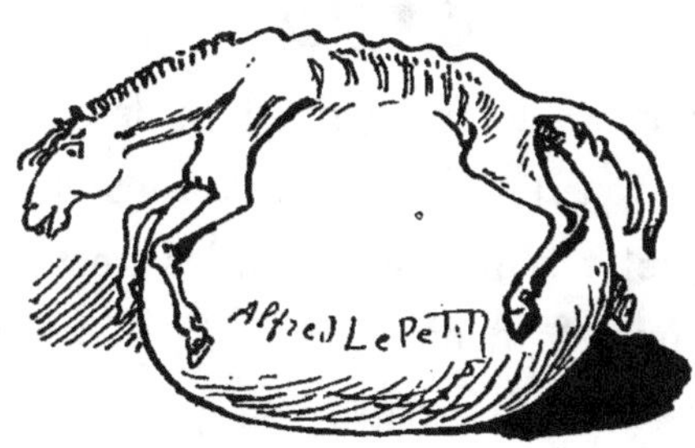

Cette infortunée jument, croyant avoir affaire à du foin ordinaire, s'en était payé le volume d'une botte environ.

LES WATER-CLOSETS. — Nous avons remarqué, à la porte de ces établissements philanthropiques, un écriteau portant ces mots : *English spoken*.

Cela nous a semblé une prévenance bien inutile.

Si jamais chose a été facile à demander par des gestes qui se comprennent en toutes les langues, c'est bien celle-là.

LES BRIQUETS COUP-DE-POING. — A voir, dans la galerie du travail, les briquets coup-de-poing de la maison Vaudaine, 18, faubourg Saint-Denis, dont voici le modèle :

Plus d'allumettes de la Régie, dont le soufre ne s'enflamme jamais, ou dont le bois, artistement scié près du soufre, casse net au moment où on les frotte.

Avec le briquet Vaudaine, il n'y a qu'à introduire un cordon d'amadou dans le petit trou qui se trouve au bas du fût et à donner un solide renfoncement sur le bouton supérieur, et l'on a immédiatement du feu sans aucune odeur âcre.

Nous nous permettrons, cependant, d'indiquer à l'inventeur un léger perfectionnement

Il peut arriver que, soit par mollesse, soit par indifférence, on ne frappe pas assez fort sur le briquet.

Nous conseillerions de donner à celui-ci l'aspect gracieux d'une tête de belle-mère.

Comme stimulant, pour les fumeurs, nous croyons que ce serait irrésistible.

Et il faudrait qu'un gendre fût d'une force musculaire bien au-dessous de la moyenne, pour que la vue de cet objet ne décuplât pas ses moyens.

Le **VERRE INCASSABLE**, — autrement dit : verre trempé, dont nos lecteurs ont entendu parler depuis quelque temps, figure à l'Exposition.

Les inventeurs du verre trempé, ainsi qu'ils le disent fort bien, n'ont point la prétention de fabriquer des lames de verre qui puissent servir de tremplin aux gymnasiarques du Cirque américain.

Non, ils se contentent d'avoir augmenté de cinq ou six cents pour cent la force de résistance du verre ordinaire.

Ainsi, par exemple, une de leurs carafes peut tomber d'une table sans se briser.

Et leurs bobèches peuvent servir pour jouer au tonneau comme de simples palets en cuivre.

Il est inutile d'insister sur les avantages d'une pareille découverte au point de vue de l'économie dans les ménages provenant de mariages de raison.

Les **MEUBLES EN CORNES**. — Pendant que nous parlons d'objets de ménage, signalons les fauteuils de la maison G. L. Lévy, rue Sévigné, 29, montés sur cornes.

Charmant cadeau pour la fête de Monsieur, dans les maisons bien tenues.

Les **ESSAYEUSES D'HARMONIUMS**. — Tous

les jours, de deux à cinq, on peut assister, dans les galeries du Champ-de-Mars, à un concert général.

Ce sont les employés des exposants de pianos et d'orgues qui exécutent d'innombrables choses sur les instruments exposés.

De tous ces types, l'essayeuse d'harmoniums est le plus réussi.

Laide et mélancolique, la voilette collée sous le nez, elle a des attitudes d'Ophélie et des regards en coulisse d'une langueur extraordinaire.

Voici l'objet :

Excellente fille d'ailleurs. — Prend des airs de femme dont le mari est au Mexique, afin que vous lui demandiez sa main, croyant ne rien risquer.

Ne vous y fiez pas. — Elle est libre, et elle vous la donnerait.

Les GAUFRES. — Mentionnons, enfin, un établissement en plein vent où l'on fabrique d'excellentes gaufres, livrées de suite à la gourmandise du public.

Jusqu'ici ces gaufres ont eu la forme ordinaire ; mais le chef de l'établissement prépare une surprise aux acheteurs.

Il va prochainement offrir au public les *gaufres contemporaines*, faites dans des moules qui reproduiront les traits de nos hommes célèbres.

Celles qui représenteront Louis Veuillot coûteront trois sous au lieu de deux, parce qu'il y entrera beaucoup plus de pâte.

La CHASSE AUX DESSINATEURS. — Et terminons cette visite en remerciant cordialement l'Administration de la charmante hospitalité qu'ont offerte à tous les dessinateurs en général, et au nôtre en particulier, les employés de M. Krantz.

Depuis l'ouverture de l'Exposition, il a suffi de se promener dans une galerie un carnet et un crayon à la main pour être chargé à la baïonnette par les gardiens.

On n'a jamais pu se faire expliquer quel danger pouvait faire courir à la société un homme, convenablement couvert, qui croque au vol un Japonais ou une machine à tailler les crayons.

Il paraît que c'est excessivement dangereux, si l'on en juge par les persécutions qu'ont essuyées les dessinateurs.

Le nôtre, particulièrement, n'a pu mener son œuvre à bien qu'à force de finesses et de subterfuges.

D'abord, il a commencé par dessiner clandestinement dans sa poche.

Puis, il a pris ses croquis à la hâte sur des manchettes.

Ensuite, il a opéré longtemps en se cachant, plié en deux, derrière les fauteuils roulants.

Enfin, en dernier lieu, — démasqué, poursuivi et traqué

comme un républicain dans un septennat, — il a dû imaginer un moyen héroïque.

Quand il voyait quelque chose d'intéressant il se flanquait un grand coup de poing dans le nez, tirait son mouchoir, et avec le sang qui coulait il dessinait l'objet sur la batiste.

o o o

C'était raide !... Mais pour vous, chers lecteurs, que n'eût-on pas fait !

TABLE DES MATIÈRES

Le Gérant : CANTEL

www.ingramcontent.com/pod-product-compliance
Lightning Source LLC
LaVergne TN
LVHW080224200726
843508LV00007B/1467